Ciudad Real, la ciudad sin agua

Una historia de ingeniería para la supervivencia

José María Coronado Tordesillas

Equipo de investigación:
Amparo Moyano Enríquez de Salamanca
Javier Rodrigo Lázaro
Eduardo Rodríguez Araujo
Rita Ruiz Fernández

CIUDAD REAL
ENSAYO

© 2025 Serendipia Editorial
© 2025 José María Coronado Tordesillas

Edita: Serendipia Editorial
www.serendipiaeditorial.com
contacto@serendipiaeditorial.com

José María Coronado Tordesillas

Equipo de Investigación:
   Amparo Moyano Enríquez de Salamanca
   Javier Rodrigo Lázaro
   Eduardo Rodríguez Araujo
   Rita Ruiz Fernández

Diseño y maquetación: Sobrino comunicación gráfica
Producción: Las Ideas del Ático

ISBN: 978-84-19793-88-1
Depósito legal: CR 17-2025

Primera edición: marzo 2025
2020 Edic. Aquona - E.T.S. ing. de Caminos, Canales y Puertos
Impreso en España - *Printed in Spain*

En cubierta: Depósito de María Cristina, cerro de La Atalaya

Agradecemos expresamente la colaboración
documental del Centro de Estudios de
Castilla-La Mancha (CECLM), Universidad de
Castilla-La Mancha. www.uclm.es/ceclm

NOTA A LA EDICIÓN
Las citas textuales se han traído a la edición de forma literal, con la ortografía y los convencionalismos del lenguaje con que fueron escritas en su momento.

*A todos los que, de una manera u otra,
colaboraron para que el agua sea algo cotidiano
y este libro solo cuente una historia del pasado*

Índice

Mujeres cogiendo agua en una de las fuentes públicas (en la plaza del Carmen), instaladas por Pérez Molina. Años 50 del s. XX.
Nicolás Muller, Archivo Regional de la Comunidad de Madrid

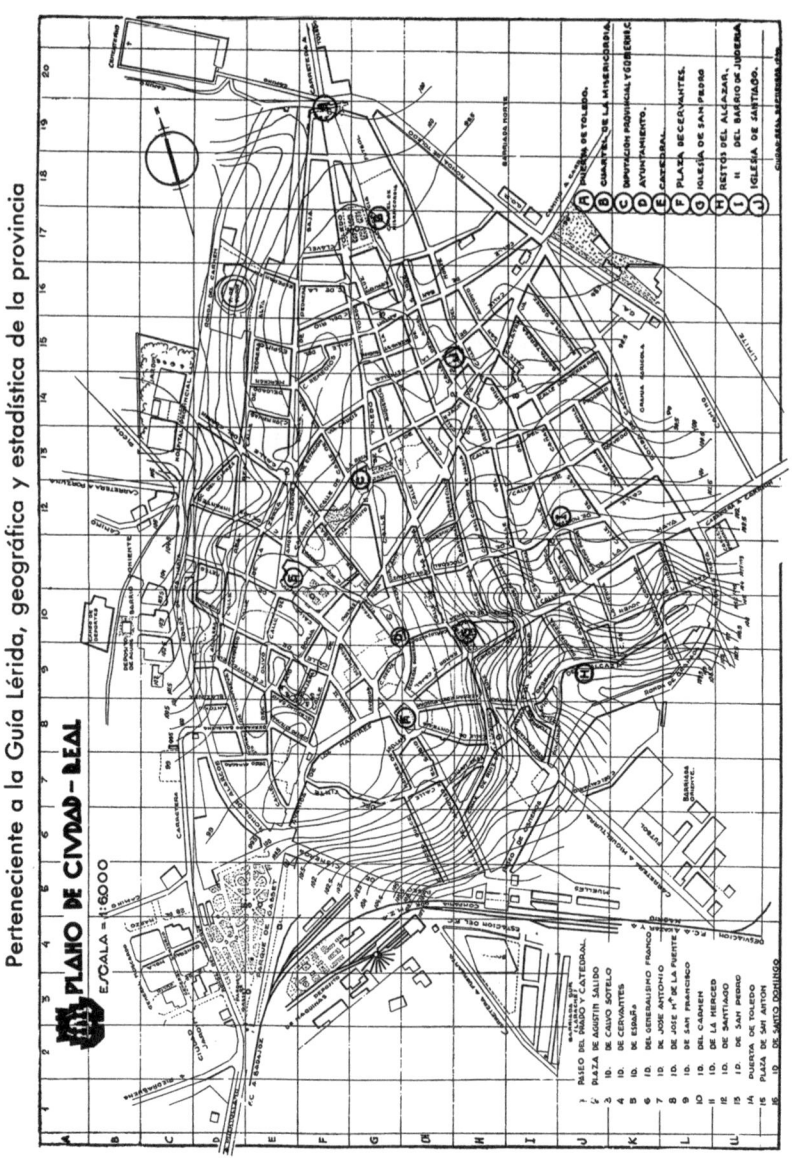

Plano de la *Guía de Ciudad Real*, editada por Enrique Lérida en 1945, que incluye las curvas de nivel y explica cómo las aguas no tienen salida natural

0 | Introducción
El desafío hídrico de Alfonso X

Cuando en 1255 el rey Alfonso X decide, tras descartar Alarcos, ubicar una villa real en el caserío del Pozo Seco de Don Gil, estaba planteando, sin ser consciente de ello, un complejo desafío hídrico a las futuras generaciones que habrían de poblarla. El lugar elegido, un cruce de caminos en mitad de la llanura, iba a presentar dos problemas recurrentes relacionados con el agua: la dificultad para el abastecimiento en calidad y cantidad suficiente y, no menos importante, el complejo drenaje y saneamiento del sitio. Ambos crecerán y se harán más complejos a medida que, con el paso de los años, la población aumente. Es necesario ser consciente de este involuntario desafío para entender las distintas actuaciones de ingeniería que la ciudad ha acometido desde entonces para resolverlo, no siempre con éxito.

El Pozo Seco de Don Gil, en el entorno de la actual plaza del Pilar, cuyo nombre remite a un abrevadero para el ganado, se sitúa en una ligera depresión sin salida natural de las aguas. Evidentemente, en el siglo XIII, el suelo de la población estaba mucho menos impermeabilizado que en la actualidad, y el régimen escaso e irregular de las precipitaciones de esta tierra rara vez hacía visible este problema, que solo se manifestaría en caso de producirse fuertes precipitaciones que dieran lugar a la acumulación de las aguas en ese punto bajo. El plano incluido en la *Guía Lérida*[1] de 1945 reproduce las curvas de nivel de la ciudad, poniendo de manifiesto algo que muchas veces, a pie de calle, no es tan evidente: la plaza del Pilar es el punto bajo de la urbe y todas las calles bajan hacia la misma. El desagüe de la ciudad será, como veremos, el primer reto que la caprichosa ubicación de la ciudad planteará a sus moradores.

En lo que respecta al abastecimiento, la localización de la ciudad planteará también serios inconvenientes. Por un parte, la ciudad se encuentra a mayor cota que los ríos que la rodean, el Guadiana y el Jabalón, lo que hace inviable un abastecimiento por gravedad desde ellos[2]. Por otra parte, cerca de Ciudad Real no hay manantiales o fuentes naturales, a excepción de la fuente del Arzollar, situada al pie del cerro de Alarcos y que, ya desde la antigüedad, servía para el abastecimiento de ese lugar. Pero esta fuente también está situada a menor cota que la ciudad, además de que la cantidad de agua disponible en ella era limitada.

Al situarse Ciudad Real en un terreno llano y relativamente permeable, las irregulares y escasas precipitaciones, en lugar de generar corrientes de agua en superficie, recargan los acuíferos, por lo que, mediante pozos poco profundos, era relativamente fácil para los primeros pobladores acceder al agua subterránea. Con el paso de los años, la falta de saneamiento hará que los pozos negros de las casas contaminen estas aguas haciendo que los pozos más céntricos pierdan su potabilidad. Como respuesta, la ciudad deberá ir a buscar el agua en pozos cada vez más alejados del centro, primero en el perímetro de la muralla, luego en la zona de la Poblachuela, donde se concentraban las huertas por la presencia abundante de aguas subterráneas. Y cuando el caudal de estos pozos fue insuficiente para unas necesidades siempre crecientes, la ciudad tuvo que buscar fuentes muy alejadas, a varias decenas de kilómetros, que permitieran la conducción por gravedad hasta la ciudad, aunque para ello sean necesarias costosas conducciones, e incluso sifones para cruzar el cauce del Guadiana. Y, finalmente, cuando estas tampoco fueron suficientes, se tuvo que recurrir al bombeo de las aguas del embalse de Gasset, construido en 1911 para regadíos.

12

NOTAS Introducción

1 LÉRIDA, E. (1945), *Libreta geográfica y estadística y de curiosidades diversas de la provincia de Ciudad Real*, Ciudad Real, Papelería E. Lérida.

2 De hecho, actualmente el abastecimiento se realiza desde el embalse de Gasset en el río Becea, afluente del Guadiana y, para ello, es necesario el bombeo hasta los depósitos del vecino cerro de La Atalaya

Tapa de registro, ubicada en la Plaza del Pilar, conmemorativa del nacimiento de Villa Real en el lugar de Pozuelo de Don Gil, en 1255.

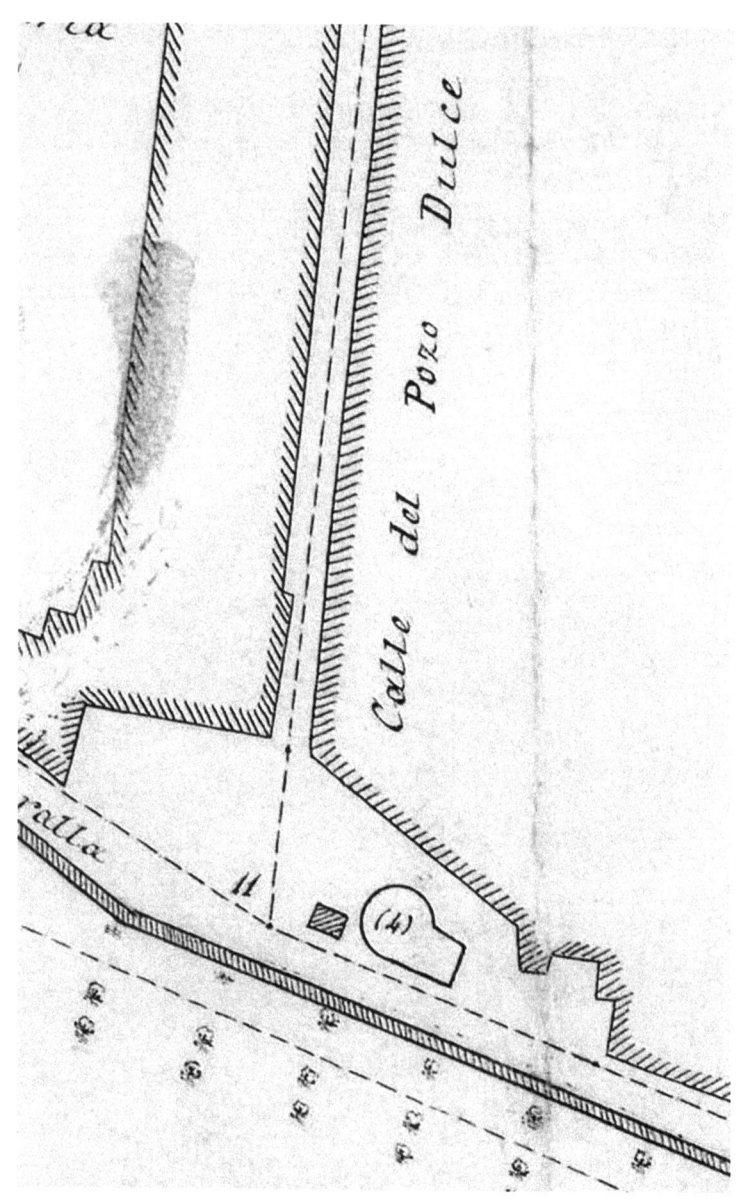

Detalle de la minuta del Mapa Topográfico Nacional de 1888
donde figura la Noria de la ciudad (4)

1 La Cava
y los pozos

Como se ha comentado en la introducción, el primer reto hídrico al que se debió enfrentar la ciudad fue la tendencia de las aguas a estancarse en la zona del Pilar. Según Hervás y Buendía:

> La necesidad apremiante de dar salida a las aguas pluviales que se estancaban por la parte del saliente y mediodía de la ciudad, siendo origen de epidemias mortíferas que diezmaban su población y de grandes perjuicios materiales, obligó a pensar en la construcción de sus minas o desagüaderos[1].

A principios del siglo XVI, dos años de fuertes lluvias provocaron la pérdida de numerosas casas y la inundación de la ciudad[2], por lo que en una fecha tan temprana como 1508 se excavó una zanja de drenaje denominada «La Cava». Partiendo del Pilar, recogía las aguas de lluvia hacia la puerta de Alarcos para seguir paralela a la muralla hasta un sumidero excavado en mina que llevaría las aguas hacia el Guadiana, como describe Benito Feró en el manuscrito *Anales de Ciudad Real*:

> El año 1508 fue inundada la población por resultas de unas grandes llubias, y para evitarlo en lo sucesivo se proyectó la construcción de Alcantarillas subterráneas que dirijiesen las aguas al río Guadiana, obra costosa por la gran distancia que media, pero que tubo efecto conociéndose en el día con el nombre de minas[3].

En el mismo sentido, y según Hervás y Buendía, en 1506:

Concepción destinado para socorro de mujeres enfermas.

El año 1508 fue inundada la población por resultas de unas grandes lluvias; y para evitarlo en lo sucesivo se proyecto la construccion de Alcantarillas subterraneas que diri-giesen las aguas al rio Guadiana, obra costosa por la gran distancia que media, pero que tubo efecto cono-ciendose en el dia con el nombre de minas.

FERÓ, B. (1861), *Anales de Ciudad Real*, p. 77.
Biblioteca Digital de Castilla-La Mancha

D. Fernando el Católico concedió a la ciudad mil escudos para la construcción de las minas de la Celada y su ayuntamiento adquiría en 1655 los terrenos necesarios para continuar las zanjas y contraminas, hasta verter las aguas en el Guadiana, completando así el desagüe[4].

Aunque hoy están prácticamente olvidados y desaparecidos, la excavación de estos túneles, con las precarias técnicas de la época, debió ser una obra muy importante y singular, probablemente una de las más antiguas del país de esta naturaleza. No en vano, en la descripción que se hace de los tipos de obras hidráulicas en el interesantísimo trabajo de 1898 titulado *Las aguas de España*, del ingeniero de Minas de la provincia de Ciudad Real, Horacio Bentabol, incluido en el *Boletín de la Comisión del Mapa Geológico de España*, al tratar las galerías subterráneas se señala que:

En los años que D. Carlos [4]° reinó, lo único ocurrido en Ciudad Real fue el conflicto de una segunda inundación, atribuida á las muchas lluvias que sobrevinieron á principios de 1808 y al entorpecimiento de las minas ó alcantarillas, destinadas para la salida del agua; mediante á que por su situación llana y algún tanto profunda produce grande aglomeramiento de aquellas en semejantes casos.

FERÓ, B. (1861), *Anales de Ciudad Real*, p. 126.
Biblioteca Digital de Castilla-La Mancha

Aunque no son el objeto aquí perseguido (se refiere a la captación), sino con el de sustraer el agua a la evaporación y emporcamiento, son dignas de mencionarse las largas canalizaciones subterráneas citadas por D. Alfredo de Rivadeneyra en el relato de sus viajes por Persia, así como la que en Ciudad Real se atribuye a los árabes, y que tienen por objeto dar salida al agua de lluvia acumulada en la Plaza del Pilar, sitio más bajo que todos los de la población y sus alrededores, que pasando por la Puerta de Alarcos por detrás del Hospital, va a desaguar, después de un recorrido de varios quilómetros, en el valle del Guadiana; siendo de notar que esta mina y su canalización no están señaladas en el mapa del Instituto geográfico[5].

En efecto, ya solo queda su rastro en el topónimo «las Minas» que aún aparece en algunas versiones del Mapa Topográfico Nacional, aunque probablemente esta mina haya contribuido, junto con la abundancia de cuevas en la ciudad, a la proliferación de leyendas sobre redes de galerías subterráneas que, como se ve, no son sino muy singulares obras de drenaje. Puesto que en los años secos la importancia de esta infraestructura podía pasar desapercibida, su mantenimiento debió ser escaso. De ello da testimonio Benito Feró al referirse a las inundaciones de 1808 (ver también la página anterior):

> En los años que Don Carlos 4º reinó, lo único ocurrido en Ciudad Real fue el conflicto de una segunda inundación, atribuida a las muchas lluvias que sobrevinieron a principios de 1808 y al entorpecimiento de las minas o alcantarillas, destinadas para la salida del agua mediante a que por su situación llana y algún tanto profunda produce grande aglomeramiento de aquellas en semejantes casos[6].

Por su parte, en la *Crónica de la Provincia de Ciudad Real*, José de Hosta mantiene esta explicación, con algunas modificaciones en las fechas:

> Como tanto las calles cuanto las plazuelas son llanas, las aguas tienen muy poca corriente, y esto ha sido causa de que la ciudad haya estado varias veces espuesta a ser inundada. En 1508 estuvo a punto de perecer, pero a fines del siglo pasado se abrieron unas cloacas muy profundas para dar salida a las aguas hasta el Guadiana, lo que sin embargo no impidió que, habiéndolas dejado casi cegar, en 1803 que fue un año muy lluvioso, retrocediesen aquellas en términos, que habiendo inundado la plaza, sus habitantes corrieron grande riesgo[7].

Esta mina, más o menos desatendida, siguió funcionando hasta que fue sustituida por un nuevo emisario en los años treinta del siglo XX. Seguía su mismo trazado y es de suponer que en buena parte lo aprovechara. La *Libreta geográfica y estadística y de curiosidades diversas de la provincia de Ciudad Real*, de 1945, al referirse a la pedanía de Las Casas, dice:

Actual plaza de Cervantes. Obsérvese el puentecillo a la altura del arranque del desagüe de la ciudad que, con frecuencia, como en la imagen, tendía a inundar la plaza cuando caían fuertes lluvias.
Vida Manchega, 25.05.1915

(...) en sus inmediaciones desemboca el emisario de Ciudad Real, magna obra que siguiendo el cauce lodado pero más profundo y de fábrica del antiquísimo desagüe se acometió el año 1932 como continuación de las iniciadas obras de alcantarillado de la capital; y desde el sitio La Celada, canalizadas las aguas residuales, buscarán a cielo abierto el Guadiana[8].

El desagüe arrancaba en lo que hoy es la plaza de Cervantes (ver, más adelante, el plano de Coello). Con los años, la Cava fue paulatinamente cubierta y convertida en una alcantarilla que se iniciaba en las cercanías del «árbol de la suerte» donde era cruzada mediante un puentecillo que estuvo en servicio hasta al menos 1913[9], y que cuando caían precipitaciones fuertes era incapaz de desaguar la plaza.

El otro problema de drenaje secular en la ciudad fue la inundación de las llamadas Terreras, unas lagunas próximas a la calle Calatrava que provocaron la extensión del paludismo en la

Además del sumidero del árbol de la suerte, existía otro en lado opuesto de la plaza del Pilar. CECLM

El mismo sumidero desde otra perspectiva. Tomada de Carlos López Pego, *Los Jesuitas en Ciudad Real, 1903-1986,* 2003, BAM

ciudad hasta que, en 1868, fueron desecadas, por aterramiento, aprovechando los medios de movimiento de tierras que trajo la llegada del ferrocarril, siendo gobernador Agustín Salido[10].

En lo que se refiere al abastecimiento, la ciudad empleó inicialmente los pozos que abundaban en sus casas, pero muchos de estos debieron contaminarse en forma temprana por las aguas fecales que iban a pozos negros. Hechos como el que se pone de manifiesto en el manuscrito fechado en 1493, según el cual:

> (...) a petición de García de Treviño, vecino de Ciudad Real, se ordena al corregidor de esa ciudad, que informe sobre los fraudes cometidos por el boticario Antonio Bosque, si es verdad que durante la pestilencia había vendido agua del pozo por aguas destiladas; y si cuando el bachiller Juan de Santa Cruz, físico, le demandó ante las justicias para su castigo, se concertaron entre ellos, por lo que se aplazó la condena[11].

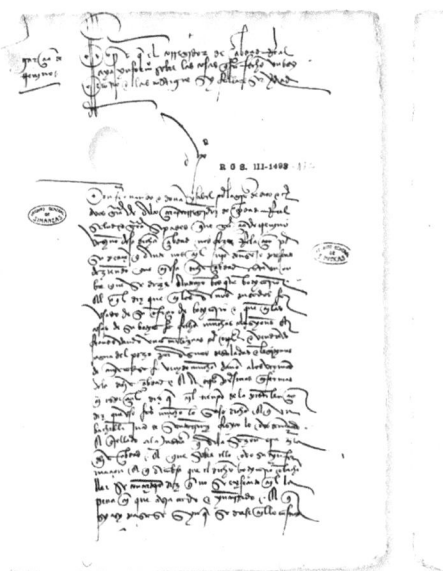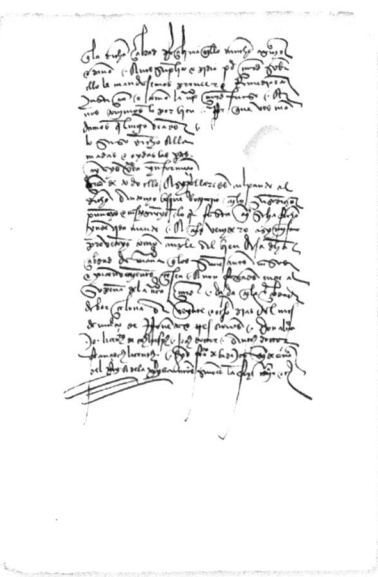

Documento solicitando informe sobre la venta de agua de un pozo, como destilada, durante la pestilencia. AGS, Leg. 149303,172

El abastecimiento de agua debió ser pronto una prioridad, y ya en 1564, durante el reinado de Felipe II, se destinaron 15.000 maravedíes para abrir tres pozos de agua dulce en la ciudad[12]. Probablemente sean estos los tres pozos a los que se refiere un manuscrito de 1750, firmado por José Díaz Jurado, quien señala, refiriéndose a los pozos:

> (...) tiene esta ciudad por los más nombrados, por más sanos y caudalosos tres; con los nombres de San Sebastián, Santa Catalina y el pozo dulce, cuya agua tiene tales cualidades que la hacen incorruptible, singularidad que (cuyo descubrimiento se) debió a la casualidad y a la experiencia, pues habiendo imposibilitado las copiosas lluvias de los inviernos tiene ocupado con su crecida un sótano o bóveda en que estaba una tinaja con agua de este pozo preparada que sin que en un entero año hubiese podido descubrirla, se halló después de transcurso de tanto tiempo sin corromper...[13].

Estos tres pozos se pueden ubicar con relativa exactitud ya que han sido representados en la cartografía histórica. El Pozo Dulce, que ha dado su nombre a una céntrica calle de la ciudad, debió estar en funcionamiento hasta bien entrado el siglo XX, porque aparece dibujado como «noria de la ciudad» en las minutas para la elaboración de la hoja del Mapa Topográfico Nacional de 1885 (ver pág. 14).

Por su parte, los pozos de San Sebastián y Santa Catalina ya aparecen en el plano de Coello de 1853 situados a extramuros de la ciudad, al oeste y este respectivamente. Esta situación periférica y a mayor cota que el centro de la ciudad, favorecería que los pozos se mantuvieran libres de la contaminación de los pozos negros. El pozo de San Sebastián se encontraba cerca de la puerta de Santa María, en lo que hoy sería el aparcamiento del antiguo Hospital Provincial, y el de Santa Catalina cerca del campus de la Universidad, probablemente en alguna de las viviendas de calle

En la página siguiente, Plano de Coello, 1853. Enmarcado aparece el pozo de San Sebastián

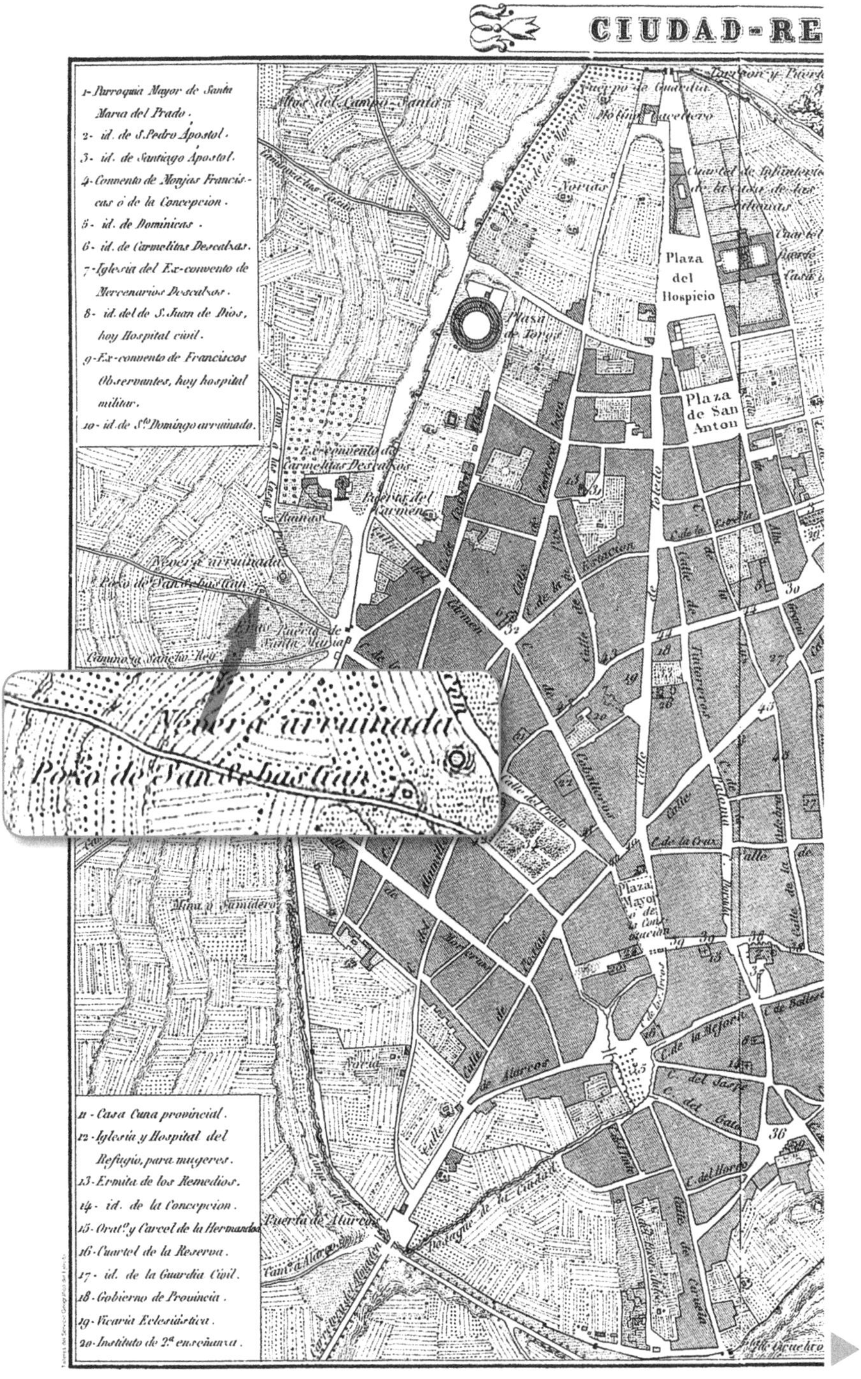

1 - Parroquia Mayor de Santa
   María del Prado.
2 - id. de S. Pedro Apostol.
3 - id. de Santiago Apostol.
4 - Convento de Monjas Franciscas ó de la Concepcion.
5 - id. de Dominicas.
6 - id. de Carmelitas Descalzas.
7 - Iglesia del Ex-convento de
   Mercenarios Descalzos.
8 - id. del de S. Juan de Dios,
   hoy Hospital civil.
9 - Ex-convento de Franciscos
   Observantes, hoy hospital
   militar.
10 - id. de Sto Domingo arruinado.

11 - Casa Cuna provincial.
12 - Iglesia y Hospital del
    Refugio, para mugeres.
13 - Ermita de los Remedios.
14 - id. de la Concepcion.
15 - Oratº y Carcel de la Hermandad
16 - Cuartel de la Reserva.
17 - id. de la Guardia Civil.
18 - Gobierno de Provincia.
19 - Vicaría Eclesiástica.
20 - Instituto de 2ª enseñanza.

Plaza
del
Hospicio

Plaza
de San
Antón

Plaza
de Toros

Ex-convento de
Carmelitas Descalzos

Puertas del
Carmen

Noria y arruinada
Pozo de Pancho bastian

Noria y arruinada
Pozo de Pancho bastian

Mina y Sumidero

Plaza
Mayor

Puerta de Marcos

DAD-REAL.

21. Consejo y Diputacion Provincial.
22. Oficinas de Hacienda.
23. Casa de Ayuntamiento.
24. Pósito.
25. Carnicerías.
26. Teatro de la Amistad.
27. Casa y Plazuela del Correo.
28. Plazuela de las Franciscas.
29. id. de Santiago.
30. id. de las Dominicas.
31. id. de los Remedios.
32. id. de Carmelitas.
33. id. de Muñoz ó del Teatro.
34. Atrio y Paseo del Prado.

35. Plazuela del Pilar.
36. id. de S. Francisco.
37. Atrio de S. Pedro.
38. Calle de la Lanza.
39. id. de la Cuchillería.
40. id. de la Feria.
41. id. del Camarín.
42. id. de la Vírgen.
43. id. de la Fosa.
44. id. del Jacinto.
45. id. y Plazuela de Loaisa.

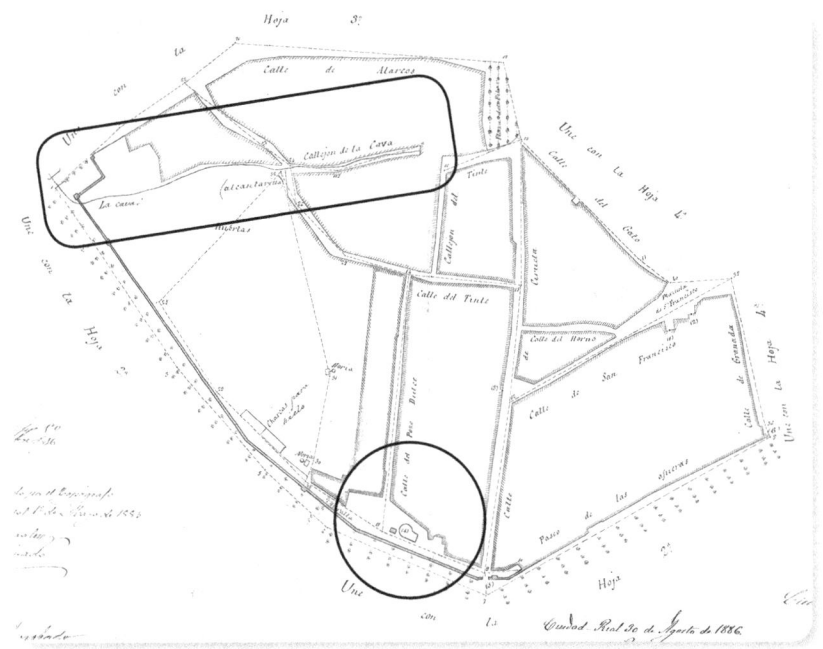

Detalle de la minuta del MTN dibujada en 1885 donde aparece la «noria del Ayuntamiento», al final de la calle Pozo Dulce. Obsérvese también el callejón de la Cava (alcantarillado) saliendo hacia la Puerta de Alarcos

Pozo de Santa Catalina. Pese a la construcción de un precario sistema de abastecimiento a fuentes públicas en 1859, estos pozos de titularidad municipal estuvieron en funcionando hasta, como poco, 1910[14].

Por lo demás, tanto en el plano de Coello como en las referidas minutas aparecen abundantes pozos y norias particulares en el interior de la ciudad y su periferia. Coello sitúa también con precisión el Pozo Concejo que, como el Pozo Dulce y el Pozo de Santa Catalina, han dejado huella en la toponimia de la ciudad. Delgado Merchán, lamentando el abandono de la ciudad y sus monumen-

En la página anterior. Plano de Coello, 1853.
Enmarcados aparecen el pozo de Santa Catalina
(arriba), el pozo de la Villa –Pozo Concejo–
y la calle Pozo Dulce (abajo)

Pervivencia de los pozos de la ciudad en los topónimos del callejero

tos históricos, indica en 1907 que en el interior de una vivienda «se exhibe, ya lodado, el célebre pozo concejo»[15].

Como se ha indicado, la calidad de las aguas de los pozos fue empeorando con el tiempo, con lo que el agua para beber tendría que ser traída por los aguadores desde manantiales, fuentes y pozos próximos.

NOTAS Capítulo 1

1 HERVÁS Y BUENDIA, Inocente (1890), *Diccionario histórico geográfico de la provincia de Ciudad-Real*. Establecimiento tip. del Hospicio Provincial, Ciudad Real, p. 269.

2 En 1505 se hace una merced a la ciudad por haber perdido la Chancillería y por «haberse despoblado por las aguas». Según una nota de Delgado Merchán «la primera noticia de haberse inundado por la subida del Guadiana es de 1504». Es evidente que el Guadiana nunca podría llegar a Ciudad Real en caso de crecida, pero sí que las aguas se acumulasen en la albuhera donde se situaba la ciudad. DELGADO MERCHÁN, Luis (1907), *Historia documentada de Ciudad Real (la judería, la Inquisición y la Santa Hermandad)*. Enrique Pérez, Ciudad Real, p. 276.

3 FERÓ, Benito (1861), *Anales de Ciudad Real* [manuscrito], p. 77.

4 Hervás y Buendía, op. cit., p. 270. También hay referencia en Delgado Merchán, op. cit., p. 333.

5 *Boletín de la Comisión del Mapa Geológico de España* (1898), Tomo V, Tip. de la viuda e hijos de M. Tello, Madrid, pp. 202-203.

6 Feró, Benito (1861) op. cit., p. 126.

7 HOSTA, José de (1865), *Crónica de la provincia de Ciudad Real*, Aquiles Ronchi, (Imp. de la Iberia), Madrid, p. 69.

8 Lérida, op. cit., p. 7.

9 En la sesión ordinaria del Ayuntamiento de Ciudad Real de 13 de febrero de 1913, se acuerda pagar «a Agustín Romero 35 pesetas por las obras de reparación del puente del Pilar». *BOP*, 05.05.1913, p. 6.

10 *Boletín de la Comisión del Mapa Geológico de España*, op. cit., pp. 230-231.

11 AGS, Leg. 149303,172.

12 Delgado Merchán, op. cit., p. 331.

13 DÍAZ JURADO, José (1750) *Documentos sobre la «Singular idea del sabio rey D. Alfonso, dibujada en la fundación de Ciudad Real»*, [manuscrito].

14 Se aprueban el 10 de marzo de 1910, «Que pase a informe de la Comisión especial de Aguas una proposición suscrita por el Concejal señor López de Haro para, que se coloquen en los pozos de agua de San Sebastián y Santa Catalina unas bombas o norias de mano y se encarguen de su custodia dos jubilados de este Municipio». *BOP*, 22.04.1910, p. 6.

15 Delgado Merchán, op. cit., p. 78.

Detalle de la fuente decorativa dedicada a Hernán Pérez del Pulgar,
actualmente en el parque de Gasset

2 | La primera traída de aguas:
Eugenio Salarnier

Según relata Delgado Merchán, a lo largo del siglo XVIII se produjeron los primeros intentos para traer agua de calidad a Ciudad Real:

> (...) estudiándose al efecto varios proyectos para conducirlas desde los manantiales de La Atalaya, La Serna, Higueruela, Linarejo, Hervideros del Villar, proyectos que no prosperan por la indolencia proverbial de este país, la falta de iniciativa de los individuos del Concejo y la penuria de las arcas municipales[1].

Hervás y Buendía data en 1759 un intento de llevar el agua de la fuente del Arzollar al Camino Real (actual N-420) y, en 1773 el del dominico Marcos de Santa Rosa para conducir las aguas desde La Atalaya primero y, dos años después, desde La Serna, en el término de Miguelturra.

Fray Marcos de Santa Rosa era «maestro de obras y profesor de Architectura y uno de los nombrados por el Real y Supremo Consejo de Castilla para medir y baluar y reconocer en todo género de obras y fontanerías de este Reyno»[2]. Antes de llegar a Ciudad Real, el dominico contaba ya con experiencia en el abastecimiento de poblaciones: en 1767 dirigió las obras de abastecimiento de Palencia[3] y de Consuegra[4], y en 1769 redactó el proyecto de abastecimiento de Herencia[5], que no prosperó. En 1773, el Ayuntamiento le encargó traer el agua a la ciudad con la esperanza de contar con un suministro de calidad que lograse mejorar la salubridad de sus ciudadanos ya que, como se indica en los libros de actas municipales, Ciudad Real «ha carecido de aguas desde

Primera edición de MTN (1888),
en la que aparece una fuente en La Atalaya

su fundación, teniendo los menos pudientes que abastecerse de pozos en detrimento de su salud»[6].

En enero de aquel año Fray Marcos de Santa Rosa había reconocido el término, entendiendo que el lugar más indicado desde el que traer el agua era el cerro de La Atalaya. Quizás, si hubiera hecho sus reconocimientos en meses más cálidos, no se habría decantado por ese lugar. Pese a las dudas de algún concejal sobre la cantidad de agua que se podía obtener[7], en febrero comenzaron las obras, que debieron consistir en una captación de un pequeño arroyo de minúscula cuenca y un depósito para recogerla. La Atalaya era, según el diccionario de Madoz, «origen de las buenas aguas, aunque algo alechadas, que por una cañería construida hace muchos años, van al depósito que se

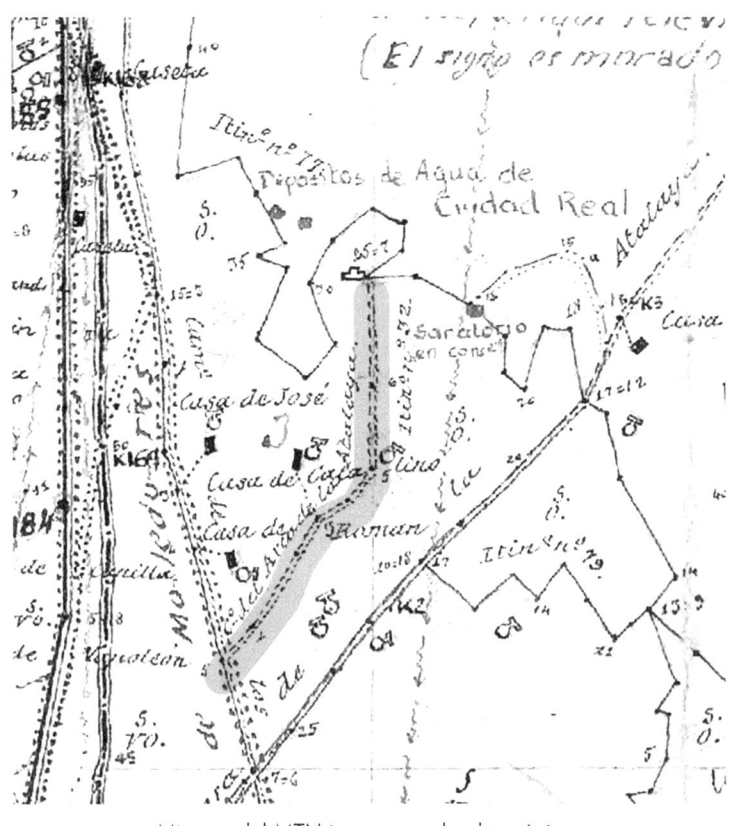

Minutas del MTN incorporando el topónimo
«Camino del Arca de La Atalaya»

llama arca, de donde se surten los aguadores de Ciudad-Real en algunas temporadas»[8].

El arca de agua de La Atalaya se puede localizar en la primera edición del M.T.N. y sus minutas y, aunque hoy está desaparecida, el camino que allí conduce ha mantenido el topónimo de camino del Arca. Curiosamente, el término arca de agua ha quedado en desuso para referirse a los depósitos, aunque seguimos utilizando el término arqueta.

A pesar de la insuficiencia de esta obra, el ayuntamiento volvió a confiar en Santa Rosa para canalizar el agua del pozo de la Serna, en Miguelturra, hasta Ciudad Real. En 1779 se llevaron a cabo trabajos en este pozo, pero la escasez de los caudales, la

31

Localización del Pozo de la Serna (subrayado) en las cercanías de Miguelturra. Obsérvese el topónimo del camino de las Cubas. 1.ª Ed. del MTN, 1888

mala calidad de las cañerías y la falta de pendiente impidieron que el agua llegara a la ciudad pese a haberse gastado una considerable cantidad de dinero en el proceso[9]. Sin embargo, el pozo sigue existiendo, y el camino que conducía desde Ciudad Real a él preserva el revelador topónimo de «Camino de las Cubas».

Los trabajos fueron retomados por Antonio Ferreti, quien propuso traer el agua de la Higueruela y de la fuente del Linarejo, en Villar del Pozo, en aquel momento parte del término de Ciudad Real, donde el caudal disponible era mucho mayor. La obra era técnicamente compleja al ser necesario cruzar la depresión del río Jabalón, 25 metros más bajo que la ciudad, mediante un sifón o acueducto, y Ferreti fue incapaz de cumplir con lo prometido[10]. Ya en noviembre de 1781 se designó a Mateo Guill para traer el agua de la Higueruela y dotar a la ciudad de tres fuentes públicas, pero el proyecto se estancó también al no llegar la aprobación del Consejo de Castilla[11].

Tuvieron que pasar 70 años más para que el agua llegara por fin a una ciudad que seguía sirviéndose de pozos y aguadores. La crónica de la provincia de José de Hosta, publicada en 1865, pero escrita años antes, es expresiva de la situación en aquel momento:

Es verdaderamente sensible que una población tan importante carezca de fuentes, pues aunque hay agua abundante y buena en algunos pozos, los vecinos tienen que sufrir la molestia de servirse de aguadores que la llevan a las casas[12].

El problema del abastecimiento fue retomado por el Ayuntamiento a partir de 1847 con la creación de una comisión para su estudio. En 1858, el Gobernador se interesó por el tema y, ese mismo año, un ingeniero industrial francés, Eugenio Salarnier[13] presentó al ayuntamiento un proyecto de traída de aguas desde la Poblachuela[14].

Otra número 345.

Para los efectos que indica el art. 3.ª de la ley de 17 de Julio de 1836, y ordenes superiores, sobre expropiacion forzosa por causa de utilidad pública, se hace saber: que por el Ingeniero industrial D. Eugenio Salarnier, se ha presentado un proyecto de conduccion de aguas potables à esta Capital, tomadas del sitio y huertas que llaman la Poblachuela, término de esta Ciudad, y cuyas bases, aprobadas con algunas modificaciones admitidas por el Salarnier, obran en la Secretaría de este Gobierno de manifiesto, para que puedan ser consultadas.

El término que se señala para presentar las reclamaciones, conforme à lo prevenido en el art. 4.º de la citada ley, es el de diez dias á contar desde el en que se publique este anuncio en este periódico oficial.

Ciudad-Real 29 de Octubre de 1858. —*Enrique de Cisneros.*

Anuncio en el *BOP*, de 2 de noviembre de 1858, del proyecto de Salarnier

El Ayuntamiento aprobó las bases de la concesión[15] el 28 de octubre de 1858. Salarnier debía comprar tres pozos en la Poblachuela, los terrenos necesarios para la traída de hasta tres fuentes, y sufragar las obras. Se planteaba la conducción «en caños de arcilla cocida revestida de argamasa o bien fábrica hidráulica». Salarnier recuperaría su inversión por la venta del agua al precio de «tres cuartos por carga de cuatro cántaros, tres por uno de estos consistente en cuartillos y equivalente a diez litros». El período de concesión sería de 55 años.

En febrero de 1859 se aprobó por el Gobierno la autorización del contrato en el que se incluyó la obligación de Salarnier de dar a los pobres de solemnidad el uso gratuito del agua[16], lo que generó discusiones a lo largo de los años entre el concesionario y el ayuntamiento. Según Pillet, el 3 de marzo de 1859 el ayuntamiento fijó la localización de las fuentes:

> ... la primera en la plazuela que forma la calle de los Arcos, o sea en el trayecto entre la Plaza de la Constitución y la Plaza del Pilar; dicha fuente será de piedra labrada, dado su carácter de monumentalidad; la segunda se colocará en la Plazuela de las religiosas del Carmen, en el Noroeste del casco urbano, y la tercera, en la Plazuela del convento de las Dominicas, llamada también de Aguilera, sita en el Noreste. De esta forma, la primera estaría en el barrio de San Pedro, la segunda en el de Santa María y la tercera en el de Santiago[17].

La ubicación definitiva de las fuentes se vería modificada. La primera se construyó en la plaza del Pilar, frente a donde se construiría después el Banco de España, la segunda sí se ubicó en la plaza del Carmen, mientras que la tercera acabaría en la plazuela que hay frente al Colegio San José, la de la Virgen de las Lágrimas[18]. Estas fuentes están situadas con precisión en las minutas del Mapa Topográfico Nacional de 1886.

Las aguas empezarían a manar de las fuentes públicas en 1860[19]. Ya en los primeros momentos, según Pillet, los vecinos se quejaron de su mala calidad, algo que se repetiría a lo largo de la siguiente década, y Salarnier recibió varias multas por incumplimientos del contrato[20] en lo relativo a la calidad de las aguas, o a la falta de mantenimiento de las instalaciones[21].

El sistema de Salarnier aparece descrito con precisión en el trabajo de Horacio Bentabol incluido en el *Boletín de la Comisión del Mapa Geológico de España*:

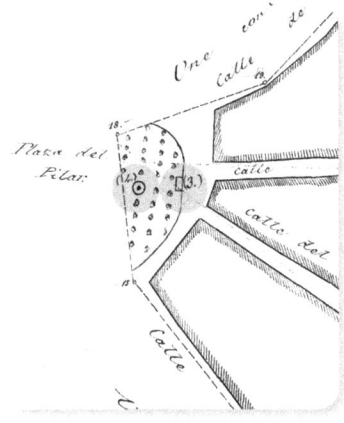

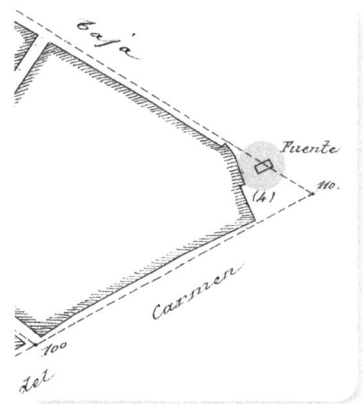

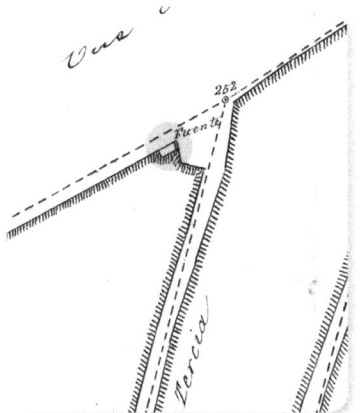

Arriba a la izquierda, plaza del Pilar con la fuente de Vecindad (3) y la fuente monumental (4) que sería la dedicada a Hernán Pérez del Pulgar. A la derecha, fuente de la plaza del Carmen. Abajo, fuente de la plazuela de la Virgen de las Lágrimas. MTN, 1886

Elevación por caballerías. En Ciudad Real se sacan aguas de norias movidas por caballerías, que se conducen por tubería de unos tres quilómetros de longitud y muy poca pendiente, a la capital, en donde se distribuyen en tres fuentes publicas (...)

El agua consumida en esta capital procede, en su mayor parte, de un pozo de noria situado en una de las huertas que existen cerca del camino á Poblete, en las afueras de la Puerta de Alarcos, á tres quilómetros de la población, y que elevadas del modo ordinario por una mula, corre en tubería de barro de 12 centímetros de diámetro interior, con una pendiente media de un milímetro por metro.

Esta conducción de aguas carece de un verdadero depósito y abastece á unas 15.000 personas, por medio de 75 metros cúbicos

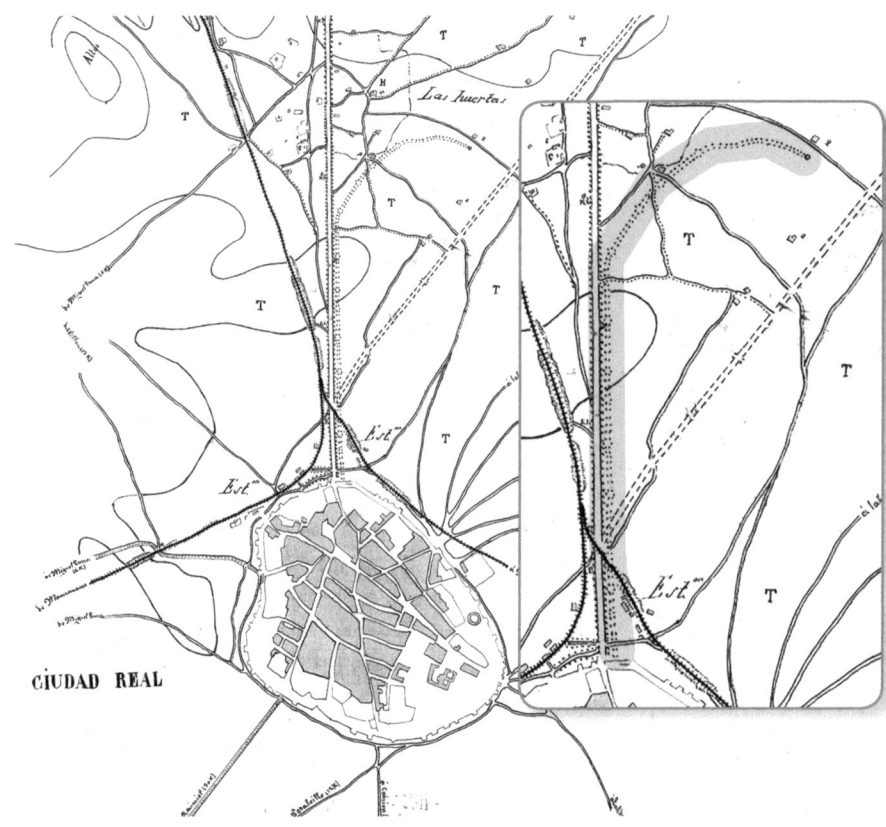

CIUDAD REAL

Detalle del itinerario topográfico de la línea férrea de Ciudad Real
a Puertollano donde aparece el pozo de la Poblachuela
y la conducción en doble línea de puntos

diarios, de un agua en la que predomina el bicarbonato de cal.
El precio del agua, de 5 céntimos el par de cántaros de 12 litros,
viene á ser de 1'25 á 1'50 pesetas el metro cúbico.

Como agua más fina, se consume en ciertas casas la de la
fuente del Arzoyal, situada cerca del Guadiana, a la izquierda de
la carretera á Piedrabuena, que se trae á la población en cubas de
madera, montadas en carros especiales tirados por caballerías[22].

En un itinerario topográfico del ejército[23] a escala 1/20.000
de la línea férrea de Ciudad Real a Puertollano se puede apreciar
esta conducción desde la Poblachuela.

Fuente del Pilar del sistema de Salarnier hacia 1904. Fuente desconocida

De las tres fuentes que daban servicio a la población, solo hemos localizado testimonio gráfico de la fuente del Pilar que, en 1887, había sido trasladada junto al árbol de la suerte[24]. En una postal, cuya imagen se puede datar en 1904 al aparecer al fondo el edificio del Banco de España de Sebastián Rebollar en construcción, se aprecia con claridad la fuente junto al citado árbol. Se trata de una caseta, probablemente con el caño hacia el frente, encerrada en un pequeño recinto cerrado mediante una valla, con el acceso en un lateral. En la imagen se ve igualmente una especie de pipa trasera que está cargando un carro con toneles y cubas y a un aguador aguardando para cargar su burro.

También hay testimonio gráfico de la fuente monumental erigida en honor a Hernán Pérez del Pulgar, que finalmente se ubicó en la plaza del Pilar. La guía de José de Hosta incluye un grabado de la misma, y aparece, en un segundo plano, en una postal de la plaza del Pilar. Finalmente, los restos de la fuente fueron trasladados al parque del Gasset, y aún se conservan hoy, aunque muy modificados.

Aun suponiendo un importante paso adelante, ya que, por fin, logró traer agua a fuentes públicas en la ciudad, el abaste-

Grabado de la fuente monumental en honor a Hernán Pérez del Pulgar, erigida originalmente en la Plaza de la Constitución (Plaza Mayor), en la *Crónica de Ciudad Real* de José de Hosta

Plaza del Pilar, donde se aprecia, entre los personajes que posan y tras la farola, la fuente de Hernán Pérez del Pulgar

Reconstrucción digital, del monumento. Tomada de: *Plaza del Pilar. El espacio hecho tiempo*, Honorio Álvarez y Manuel Molina, Serendipia, 2021

Los restos de la fuente de Hernán Pérez del Pulgar en su situación actual
–parque de Gasset–

cimiento de Salarnier empezó pronto a dar muchos problemas por la mala calidad de las aguas y los derivados de lo precario de la instalación[25]. Por ello, seguía siendo complementada por aguadores que traían agua de los manantiales de Teja del Valle, el Arzollar y Pósitos de Lara[26] que llevaban el agua a los más pudientes. Por ello no es de extrañar que, en los años que seguirían, el ayuntamiento continuara trabajando en la mejora del abastecimiento.

El 5 de septiembre de 1878, el alcalde presidente, Eduardo Mesía de la Cerda, mandó publicar, para el conocimiento de todo el pueblo, en el *Boletín Oficial de la Provincia de Ciudad Real*, el estudio realizado por Aureliano Ximénez para un nuevo abastecimiento, utilizando también las aguas de la Poblachuela:

> La traída de aguas a Ciudad Real de otro punto que no sean las Huertas no es posible intentarla por el gran capital que exigirían las obras. Por otra parte, el agua de la Poblachuela es aceptable

para los usos domésticos, y preparando convenientemente los depósitos podría mejorar de calidad[27].

El estudio estima la demanda suponiendo un consumo de 35 litros por habitante y día, o sea, tres cántaros de los que se usaban entonces, lo que supondría 53.290 cántaros diarios, o lo que es lo mismo, 630 m^3, aunque por entonces, según el estudio, el consumo de Ciudad Real era de 30 m^3. Para obtener ese caudal, serían necesarios 5 pozos de 20 m de profundidad y 150 m de galería y la instalación de bombeos mediante máquinas de vapor, además de 3.500 metros de cañería de hierro para la conducción y otros 2.000 para la distribución. El coste total de las obras era de 45.821 reales que el ayuntamiento debía financiar mediante la emisión de 600 obligaciones de 1.000 reales cada una, dándoles un 6% de interés anual. Las obligaciones se amortizarían en 20 años.

En los cálculos se comenta que el cántaro costaba por entonces, en las fuentes, 6 céntimos, con lo que el m^3, que tiene 83 cántaros, salía a 4 rs. y 98 cts. En el proyecto se planteó un coste del agua de 0,48 rs., esto es, 10 veces menor que el coste del agua en ese momento, así como cobrar a cada vecino entre 10 y 60 rs. anuales en función de su nivel económico. Se consideró distribuir diez o doce fuentes por la ciudad, lo que reduciría a la mitad las distancias medias al agua de los vecinos.

El último párrafo de la publicación por el ayuntamiento para la información pública del proyecto muestra con claridad las deficiencias que el sistema de Salarnier padecía:

Estúdiese el proyecto con imparcialidad, y estén todos persuadidos que el Ayuntamiento oirá con gusto cuantos consejos y observaciones se le hagan, para la más pronta realización de una obras que tan conocidas ventajas ha de reportar a todo el vecindario, y que no solo le colocaría en mejores condiciones de higiene, sino que salvaría los conflictos que diariamente ocurren hoy en las fuentes por la exigua cantidad de agua que suministran, que no llega a cubrir las más precisas atenciones domésticas[28].

Como tantos otros, el estudio de Ximénez no llegó a prosperar en realidad alguna. Unos años más tarde, en 1884, se evaluó una nueva opción de abastecimiento de agua en cantidad y calidad suficientes proveniente de Villarrubia de los Ojos, a 35 km de la capital, hasta donde viajó una comisión municipal[29]. En la sesión ordinaria del 11 de julio de 1885 se acordó:

> ... que se diga a D. Patricio Redondo y Pérez, vecino de Villarrubia, que pasadas las actuales circunstancias de invasión del cólera[30], se estudiarán sus proposiciones sobre la traída de aguas que posee en aquel término y se le participará el acuerdo que recaiga[31].

El Ayuntamiento estudió en septiembre de 1886 el proyecto de Patricio Redondo, quien ofreció traer agua desde el valle del Allozar en el término de Villarrubia de los Ojos a unos 35 km de la capital, llegando a los 400 m^3 que el ayuntamiento solicitaba a cambio de una concesión a perpetuidad[32]. En consecuencia, en 1887 se aprobaron las bases del nuevo concurso para una concesión a 70 años con un precio de 2 céntimos por decalitro. Aunque el Consejo de Estado aceptó el proyecto en 1888, el concesionario en vigor, Salarnier, llevó el asunto a los tribunales, intentando paralizar la iniciativa[33]. Redondo, en cualquier caso, había encargado el proyecto al ingeniero mecánico Joaquín Escoda y Rom y sacó a concurso las obras por 1.054.529'96 pesetas, según anuncio publicado en el *Boletín Oficial de la Provincia*[34].

El proyecto es muy completo y bien elaborado. Incluye hermosos planos y plantea una conducción desde la Sierra de Villarubia hasta un depósito regulador que se situaría en el cerro del Calvario. En la memoria se plantea traer 500 m^3 al día, lo que para una población de 16.000 habitantes (se cuenta que en realidad era de 13.000), supone una dotación de 31,25 litros por habitante y día. Se plantea también la construcción de un depósito para alcanzar un excedente de 180 m^3 diarios, lo que permitiría alimentar generadores de vapor (habla de 600 o 700 caballos de vapor para la industrialización de la ciudad) y:

> el establecimiento de baños y lavaderos públicos, y que podía llegar a 280 m^3 por el escaso consumo que se preveía de una población acostumbrada a racionar el agua, por lo que esa agua excedentaria podría servir para la industria, riegos y limpieza viaria.

PROYECTO

DE

CONDUCCIÓN DE AGUAS POTABLES

Á

CIUDAD-REAL

POR EL INGENIERO

D. Joaquin Escoda y Rom

CONCESIONARIO

D. Patricio Redondo Gerez

MEMORIA

1887

Cubierta de la Memoria del *Proyecto de Conducción de Aguas Potables a Ciudad Real*. Archivo personal Cabanes

El proyecto incluía además un completo «Reglamento del Agua» regulando las condiciones del servicio y las tarifas. El agua se podría tener con contador, con caudal fijo, estableciendo las condiciones técnicas de las acometidas, o en las fuentes, para las que se establecía, como se especificaba en la concesión, una tarifa de 2 cts. por decalitro, o sea, 2 ptas. por m^3. Las fuentes contarían con empleados para el cobro, como ya sucedía en las fuentes de Salarnier. Se proponían varias fuentes de vecindad, con horario de siete de la mañana a siete de la tarde en los inviernos y de cinco a diez en los veranos, así como la construcción, a expensas del ayuntamiento, de una fuente monumental.

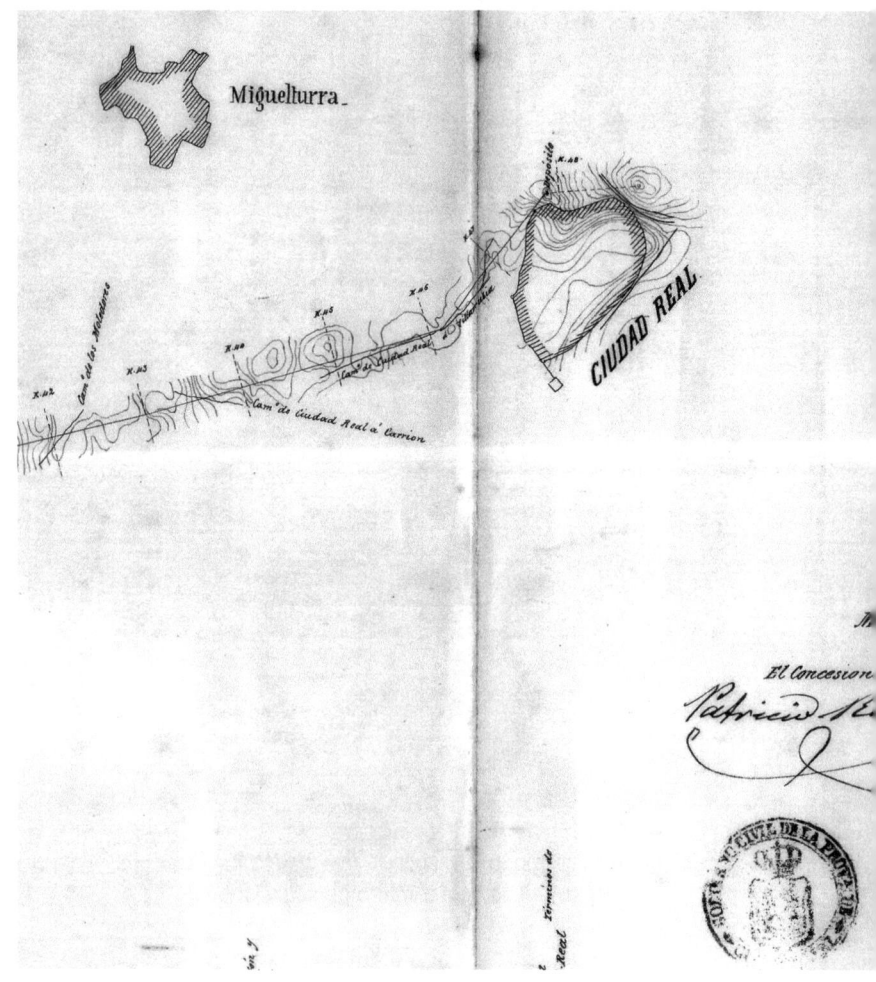

PROYECTO

DE

CONDUCCION DE AGUAS POTABLES

A

CIUDAD REAL.

POR EL INGENIERO

D JOAQUIN ESCODA Y ROM

Nº 9.

Modelo de casilla de entrada y salida de sifón.

Escala, 1 por 50 metros.

AÑO 1887

1 de Julio de 1887.

El Ingeniero,

Joaquin Escoda

PROYECTOS Y CONSTRUCCION
DE OBRAS PÚBLICAS
Joaquin Escoda
Zurbano, 6, pral. Madrid.

Arriba. Portada para el detalle
de la casilla del sifón

Detalle del plano general mostrando la
llegada de la conducción al depósito en el
cerro del Calvario, así como las firmas del
concesionario y el ingeniero

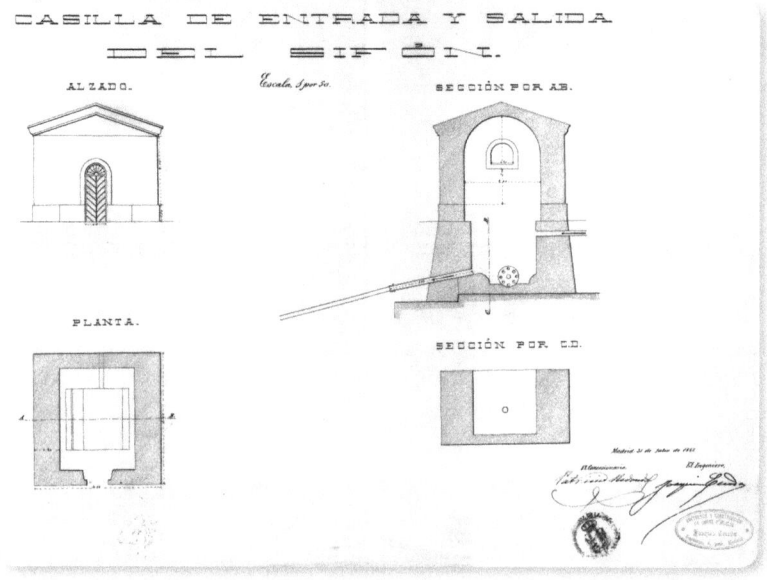

CASILLA DE ENTRADA Y SALIDA
DEL SIFÓN.

ALZADO.   Escala 5 por 50.   SECCIÓN POR AB.

PLANTA.

SECCIÓN POR CD.

Plano de detalle de la casilla del sifón

El proyecto de Escoda sirvió para materializar el abastecimiento de Daimiel con las aguas de la sierra de Villarrubia, también concedido a Patricio Redondo, e inaugurado en mayo de 1890[35]. Por el contrario, el abastecimiento de Ciudad Real se atascaría entre pleitos por la existencia de dos concesiones e ineficientes comisiones municipales que evaluaban una y otra vez la situación.

En 1892 el ayuntamiento inició el proceso para declarar nulo el contrato con Redondo[36], lo que se aprobó en sesión ordinaria de 23 de diciembre de 1893[37]. Sin embargo, el empresario villarrubiero recurrió la decisión y continuó sus gestiones para llevar a término el proyecto. En noviembre de 1899 invitó a una comisión de la ciudad a visitar las instalaciones de depósitos y lavaderos que tenía en Daimiel[38]. El ayuntamiento modificó las condiciones del contrato, que ya tenía más de diez años de vigencia, y en

En la página siguiente. Plano de distribución del proyecto de Marcelo Lairout. Obsérvese la entrada por la Puerta de Toledo, tras 32 km de tubería, y cómo la red forma tres anillos entre las calles Pedrera Baja, Toledo y Altagracia. ACHG

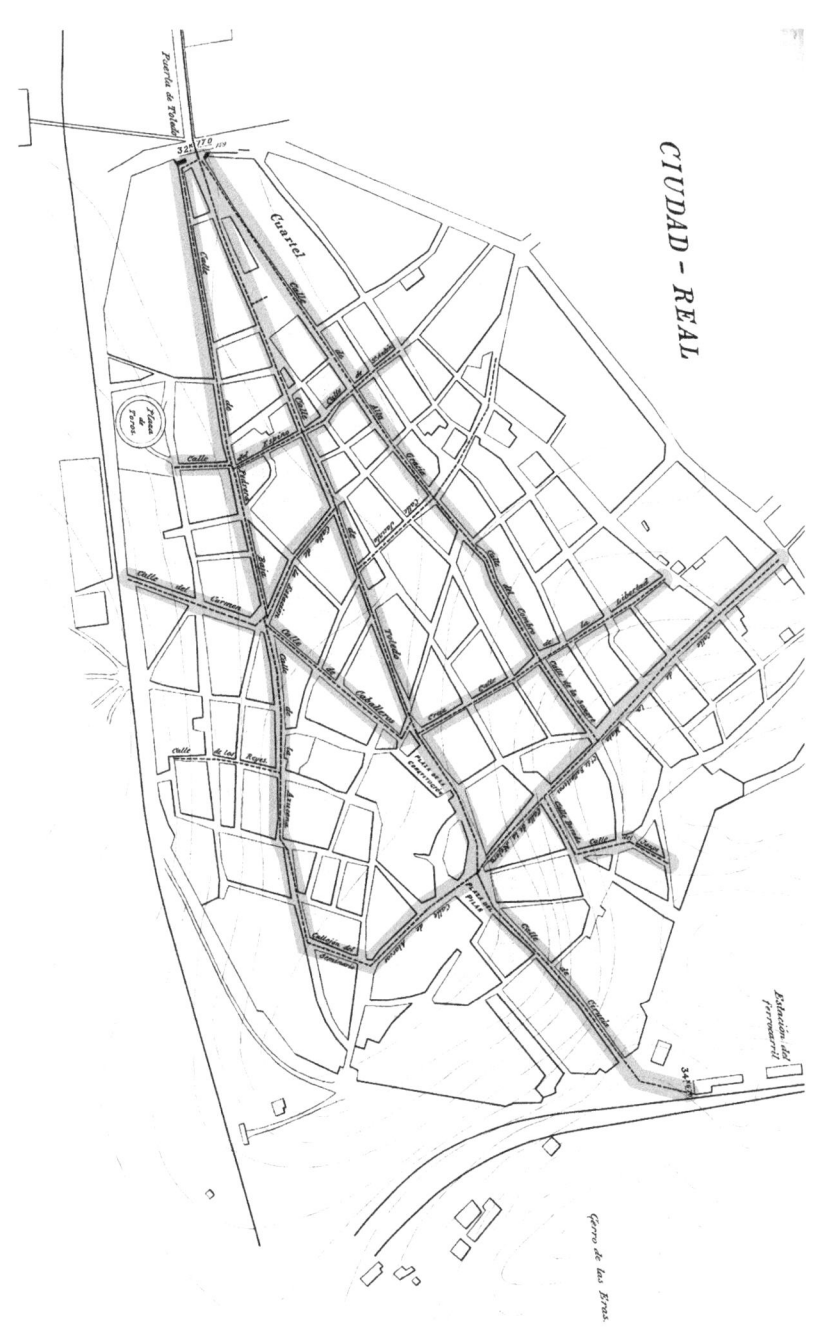

CIUDAD - REAL

47

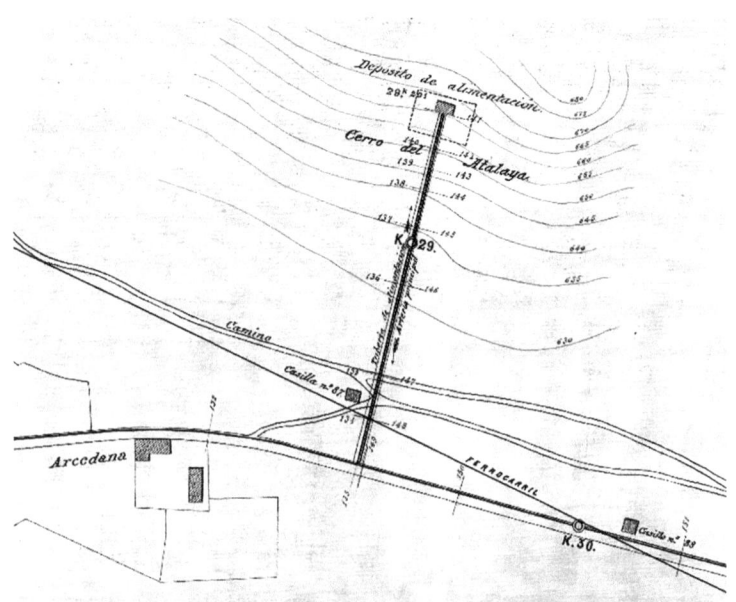

Detalle de la ubicación del depósito en La Atalaya propuesto por Lairout, así como de la conducción en paralelo a la carretera. ACHG, caja 831

1901 se otorgó una nueva escritura de concesión[39] con objeto de desbloquear el proceso buscando una nueva fuente para el agua, el valle de los Molinos[40] que, de la mano de otro concesionario, sería el lugar desde el que finalmente llegaría el agua a la ciudad veinte años más tarde.

Para solicitar la concesión de estas aguas, el ingeniero Marcelo Lairout redactó un proyecto que, modificado en 1902 por el arquitecto Florián Calvo, incluyó una red de distribución y un depósito en el cerro de La Atalaya, algo más bajo del que finalmente se construiría. En septiembre de ese año se publicó en el *BOP* la expropiación forzosa de los terrenos[41], pero las obras no llegaron a iniciarse pese a aprobarse en 1905 un cambio de trazado de la tubería entre el depósito y la ciudad.

En 1906 el ayuntamiento volvió a decretar la nulidad y caducidad de la concesión, pero Redondo presentó recurso contencioso administrativo que acabó ganando unos años después. Entre tanto, se presentó otro proyecto para abastecer a Ciudad Real,

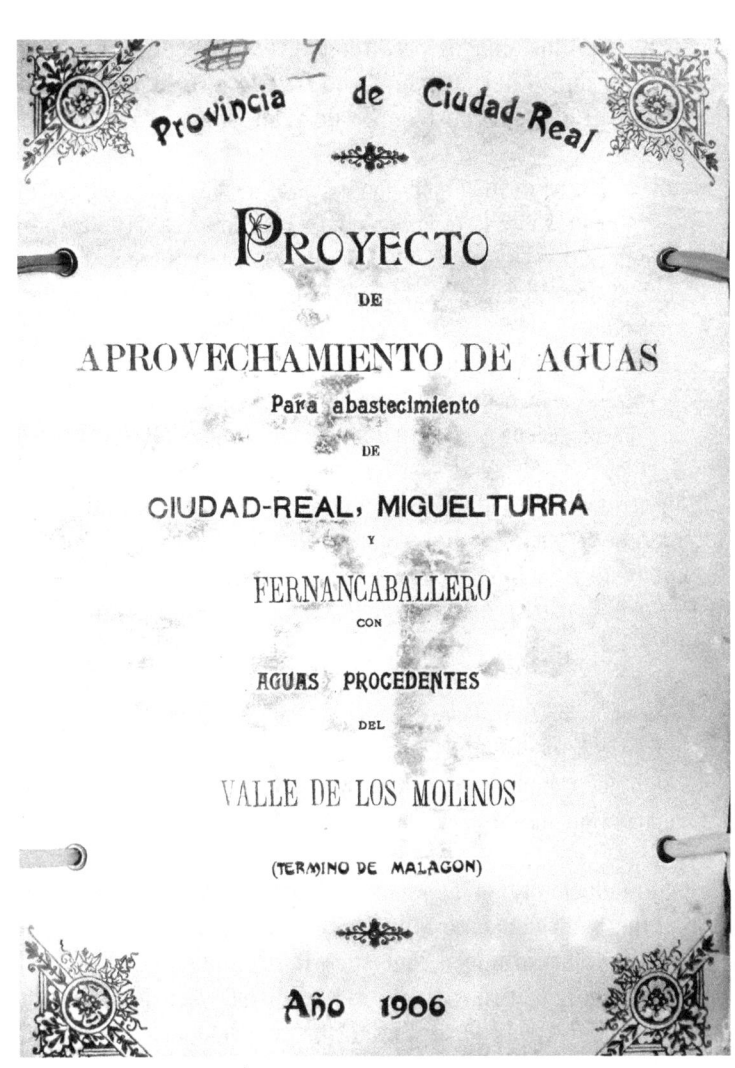

Provincia de Ciudad-Real

PROYECTO

DE

APROVECHAMIENTO DE AGUAS

Para abastecimiento

DE

CIUDAD-REAL, MIGUELTURRA

Y

FERNANCABALLERO

CON

AGUAS PROCEDENTES

DEL

VALLE DE LOS MOLINOS

(TERMINO DE MALAGON)

Año 1906

Portada del Proyecto de 1906 de Sebastián Rebollar para abastecer
Ciudad Real desde el Valle de los Molinos. ACHG, caja 831

Miguelturra y Fernancaballero redactado por el arquitecto Se-
bastián Rebollar y por encargo de Santiago Ruipérez y Romero.
Solicitaba la concesión de aguas, probablemente en nombre de
Redondo[42], y que en buena medida reproduce el anterior de 1901.

Se suceden los amagos para retomar el proyecto de abastecimiento y dos años después, el diario *La Época* recogía la noticia del enésimo intento de desbloqueo de la situación:

> Ayer se constituyó el oportuno depósito metálico para ultimar el expediente sobre la traída de aguas potables a esta capital procedentes de la sierra de Malagón. La noticia ha producido gran entusiasmo en todo el vecindario, que anhela una mejora tan importante.
>
> En breve comenzarán los ingenieros los trabajos de replanteo y trazado, a fin de hacer cuanto antes el tendido de cañerías.
>
> El concesionario, D. Patricio Redondo, es muy felicitado[43].

Mientras que, como veremos en el capítulo siguiente, el ayuntamiento se hacía cargo del abastecimiento de Salarnier, Redondo perseveró en su esfuerzo por hacer valer su concesión. A tal respecto, el diario *El Pueblo Manchego* informó, en junio de 1912, de que:

> (...) tanto los concejales como el Sr. Redondo están animados de gran espíritu de transigencia en todo aquello que pudiera ser entorpecimiento u obstáculo para la consecución de la traída de aguas y de que las obras empezarán muy en breve[44].

Redondo falleció el 8 de septiembre, y aunque un año más tarde el ayuntamiento concedió a su viuda una prórroga de dos meses para ultimar un nuevo contrato[45], lo rescindió poco después. Como veremos, la rescisión de este contrato y el de Salarnier abriría la puerta a la llegada de otros concesionarios y, no sin dificultades e incumplimientos, al definitivo establecimiento de un abastecimiento de aguas potables en Ciudad Real.

NOTAS Capítulo 2

1 Delgado Merchán, op. cit., p. 339.

2 MUÑOZ GONZÁLEZ, María Jesús (2003), «Informes realizados en 1760 para llevar a cabo los reparos de la iglesia parroquial de San Miguel en Peñaranda de Bracamonte», *Archivo Español de Arte*, 76(303), pp. 277-286.

3 BARREDA, Pedro Miguel (2003), «La conducción de aguas a Palencia en el siglo XVIII enfrentamiento del Concejo y el Cabildo», *Publicaciones de la Institución Tello Téllez de Meneses*, 74, pp. 5-47.

4 ESPADAS, M. y CABALLERO, A. (Ed.) (1993), *Historia de Ciudad Real*. Caja de Castilla-La Mancha.

5 Hervás y Buendía, op, cit., p. 514.

6 Libro de acuerdos municipales, enero 1773. AHM, caja 26.

7 Libro de acuerdos municipales, febrero 1773. AHM, caja 26.

8 MADOZ, Pascual (1846), *Diccionario geográfico-estadístico-histórico de España y sus posesiones de ultramar*, vol. 3, p. 85.

9 Libro de acuerdos municipales, diciembre 1779. AHM, caja 26.

10 Libro de acuerdos municipales, Noviembre1780. AHM, caja 26.

11 Pillet, op. cit., p. 168.

12 Hosta, op. cit., p. 71.

13 Eugenio Salarnier Bemond (Aurillac, Francia, 1828) residía en Madridejos (Toledo) donde realizó también el abastecimiento de agua y era propietario de minas de plomo argentífero en esa localidad, Camuñas y Consuegra. Ver Pepe Cano (2015), *A vueltas con los restos arqueológicos de la Puerta de Madridejos*. https://es.slideshare.net/PepeCano/a-vueltas-con-los-restos-arqueolgicos-de-la-puerta-de-madridejos-48357954.

14 El anuncio de dicho proyecto aparece en el *BOP* de 02.11.1858, p. 1.

15 Pillet, F., op. cit., p. 251.

16 El *BOP* publica la decisión de «no haber Lugar a lo solicitado por D. José Antonio Ruiz, en representación de D. Eugenio Salarnier, al pedir que se fije en un cántaro de agua por cada cuatro

acogidos la que time obligación de dar para Los Establecimientos de Beneficencia». *BOP*, 04.09.1876, p. 4. El ayuntamiento acuerda en la sesión del 4 de diciembre «que se prevenga a D. Eugenio Salarnier, concesionario de las fuentes de esta capital, facilite un cántaro de agua por día a cada uno de los acogidos por las Hermanitas de los pobres y la necesaria para el riego de 50 árboles a lo cual está obligado». *BOP*, 02.02.1885, p. 7.

17 Pillet., op. cit., p. 252.

18 Parece ser que Salarnier tuvo problemas para adquirir el solar de esa fuente a un vecino de la Solana, D. José Jaraba. Pillet, op. cit., p. 252.

19 «Con motivo de la noticia de que por el ayuntamiento de Ciudad Real se estaba estudiando el proyecto para la conducción de aguas, nos escribe el ingeniero industrial Sr. Salarnier, rogándonos hagamos constar que desde 1860 se halla dicha capital surtida de aguas potables por medio de fuentes públicas, y que sin conformidad del concesionario de aquella conducción de aguas, no puede hoy modificarse el régimen de abastecimiento establecido». *Diario Oficial de Avisos de Madrid*, 5 de septiembre de 1879, p. 2.

20 El *BOP* da cuenta del acuerdo de la Comisión Provincial llevando «adelante las providencias adoptadas por el Ayuntamiento de esta capital contra D. Eugenio Salarnier, concesionario del abastecimiento de aguas potables de la misma, imponiéndole una multa de que se hace mérito en la liquidación practicada en 20 de agosto de 1873...». *BOP*, 28.08.1876, p. 5. Contra esta decisión, Salarnier interpuso recurso de alzada y el Gobernador solicitó documentación complementaria al Ayuntamiento. *BOP*, 04.12.1876, p. 3. Parece ser que el Ayuntamiento hubo de gastar 583 pesetas para surtir de agua el depósito general y Salarnier no quería pagar por tener interpuesto recurso de alzada. *BOP*, 21.04.1884, p. 4. El recurso no sirvió y, finalmente, el Ayuntamiento acordó reclamar nueve años después, según publica el *BOP* de 18.01.1884, p. 7.

21 El Ayuntamiento acuerda «Imponer a D. Eugenio Salarnier, concesionario de las fuentes públicas 50 pesetas de multa por el mal estado de los depósitos». *BOP*, 21.04.1884, p. 6.

22 *Boletín de la Comisión del Mapa Geológico de España* (1898), Tomo V (Segunda Serie), Madrid, Rst. Tip. de la viuda e hijos de M. Tello, pp. 255 y 263.

23 Aunque está sin datar, debe ser de entre 1880 y 1890 por estar el ferrocarril directo a Madrid terminado y la carretera de Piedrabuena sin terminar. Itinerario topográfico de Ciudad Real á Puertollano / el teniente de E.M del Ejercito Antonio Gonzalez Semper. Centro Geográfico del Ejército – Colección: PCGE – Ubicación: AR – Signatura: Ar.M-T.3-C.15-226.

24 El Ayuntamiento dictaminó «que la fuente de vecindad que existe en el paseo del Pilar se traslade al punto que más convenga hacia las inmediaciones del puentecillo, por exigirlo las obras de reforma de dicho paseo, y al efecto se de Orden al concesionario D. Eugenio Salarnier, pagándose el gasto de lo consignado para paseos. Que se traslade a la plaza pública el puesto de agua que en dicho paseo tiene Joaquín Martínez». *BOP*, 09.03.1887, p. 7.

25 Así consta en los Libros de Acuerdos del ayuntamiento recopilados por Pillet.

26 Según se indica en la Memoria del Proyecto de Abastecimiento de Joaquín Escoda de 1888.

27 *BOP*, 05.09.1878.

28 *BOP*, 05.09.1878.

29 En diciembre de 1883 el Ayuntamiento de Ciudad Real acuerda «quedar enterado de que en el pueblo de Villarrubia se cree hay caudal bastante de aguas para poder traer a esta capital, y que se den las gracias al Sr. Alcalde y otros individuos de aquel ayuntamiento por lo deferentes que estuvieron con la Comisión que del de la esta capital pasó a dicha Villa». *BOP*, 18.01.1884, p. 7.

30 La propagación del cólera se veía claramente favorecida en una ciudad que no se disponía de agua de calidad para asegurar la higiene ni un sistema de saneamiento que impidiera que las aguas negras contaminasen los pozos.

31 *BOP*, 02.09.1885, p. 5.

32 Pillet, op. cit., p. 253.

33 En la sesión de 25 de julio, el Ayuntamiento acordó «quedar enterado de que el Sr. Gobernador ha resuelto denegar el recurso de alzada interpuesto por D. Eugenio Salarnier contra el acuerdo del Ayuntamiento, abriendo un plazo para admitir proposiciones sobre el proyecto y obras para la traída de aguas, dejando a salvo el derecho de aquel para que interponga ante quien corresponda». *BOP*, 02.09.1885, p. 5.

34 *BOP*, 09.05.1888, p. 8.

35 *El Eco de Daimiel*, n.º 491, año VI, 21 de mayo de 1890, p. 1.

36 «Que la Comisión qua entiende en lo que al Colegio de Huérfanos se refiere, consulte con D, Eugenio Salarnier, concesionario de las fuentes públicas, si podrá facilitar las aguas necesarias, y del resultado se dé cuenta para resolver.

Que los Sres. Sabariegos y García estudien el expediente sobre traída de aguas por D. Patricio Redondo, y propongan respecto a la nulidad del contrato lo que crean procedente, a fin de resolver sobre el particular, y que los mismos señores estudien también el contrato con D. Eugenio Salarnier». *BOP*, 02.05.1892, p. 11.

37 *BOP*, 03.01.1894, p. 7.

38 *El Daimieleño*, n.º 69, 12.11.1899.

39 *BOP*, 17.06.1901, p. 5.

40 Pillet, op. cit., p. 324.

41 *BOP*, 01.09.1902, p. 1.

42 Ruipérez era natural de Herencia donde gestionaba también una concesión de Redondo que no llegó a fructificar. *BOP*, 17.07.1907, p. 1.

43 Diario *La Época*, 03.04.1908, año LIV, p. 1.

44 *El Pueblo Manchego*, Año II Número 420 - 1912 junio 1.

45 *BOP*, 05.09.1913, p. 11.

Edificio del bombeo del nuevo Pozo de la Poblachuela, hoy demolido

3 | El abastecimiento municipal
de Pérez Molina

La ciudad entró en el siglo XX abasteciéndose mediante el precario sistema de pozos de Salarnier, que ya tenía 40 años de antigüedad y generaba muchísimas quejas por la falta de continuidad y calidad en el suministro. Pese a los requerimientos del ayuntamiento[1], el industrial francés no parecía interesado en mantener en óptimas condiciones las instalaciones de abastecimiento. En 1909 la ciudad decidió tomar las riendas reparándolas a su costa[2] y, en enero de 1910, rescindió de urgencia el contrato, tras informe de la Comisión de aguas[3] y del Regidor Síndico, y de que el descendiente de Eugenio Salarnier, Carmelo Salarnier[4], no contestara a los requerimientos, teniendo que recurrir a sendos anuncios en la *Gaceta de Madrid* y en el *BOP*[5].

En 1911, la resolución del problema de las aguas tomó un nuevo impulso, buscándose diversas soluciones casi en paralelo. Por un lado, el arquitecto municipal, Florián Calvo, elaboró un proyecto de sustitución de la tubería de barro cocido, que era:

> (...) insuficiente para conducir la necesaria [agua] para el abastecimiento por encontrarse obturada con las raíces de las plantas que se introducen en ella, sino que dada sus malas condiciones, las impurifica completamente por lo que llegan a ellas las sustancias extrañas por la porosidad que presenta y las múltiples filtraciones que existen[6].

El proyecto, que planteaba la instalación de una tubería de hierro fundido, permite identificar los pozos utilizados por Salarnier e incluye un doble depósito de regulación que se debería construir en el matadero municipal.

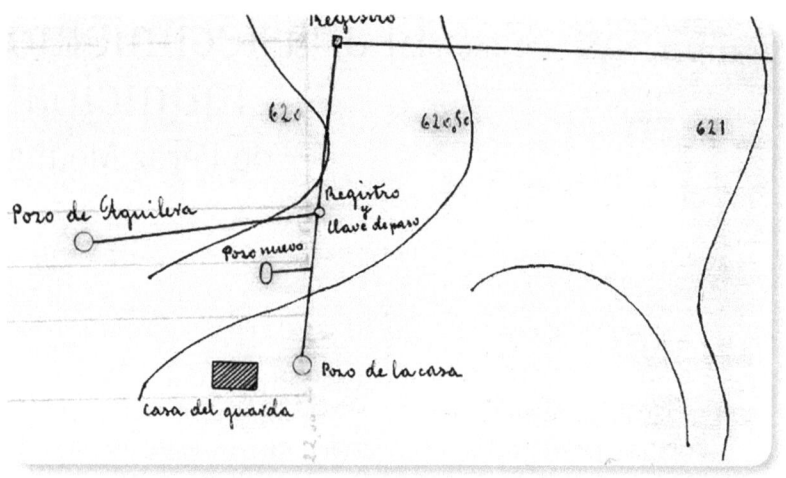

Esquema de los pozos de la Poblachuela,
origen del abastecimiento de Salarnier

Por otro lado, y aprovechando un crédito de 26.500 pesetas para extracción de agua para usos agrícolas, se iniciaron obras, que acabaron paralizándose, en la fuente del Arzollar. La solución había recibido fuertes críticas en la prensa al no estar asegurada la cantidad y calidad del agua[7] y porque, además, la necesidad de bombeo elevaría excesivamente su coste. Además, se denunciaba una especie de autoconcesión del ayuntamiento a su favor para realizar este abastecimiento, lo que se consideró una ilegalidad[8].

En vista de que el Arzollar no era solución, se barajaron diversas alternativas para mejorar el abastecimiento, como el valle de los Molinos y la Higueruela[9]. De este último llegó a redactarse, por el ingeniero Casimiro Juanes, un completo proyecto que se conserva en el Archivo Municipal[10]. Planteaba un pozo con galerías para aumentar el caudal de captación en la Higueruela y una traída con un bombeo que cruzaba el río Jabalón mediante un sifón y llegaba a un nuevo depósito ubicado en el cerrillo de las Eras.

El sistema se completaba con una red de distribución que llevaría el agua a un total de once fuentes: las de adorno, situadas en la plaza del Pilar y en el paseo del Prado; fuentes públicas ornamentales en la Plaza de la Constitución, la plaza de Don Luis

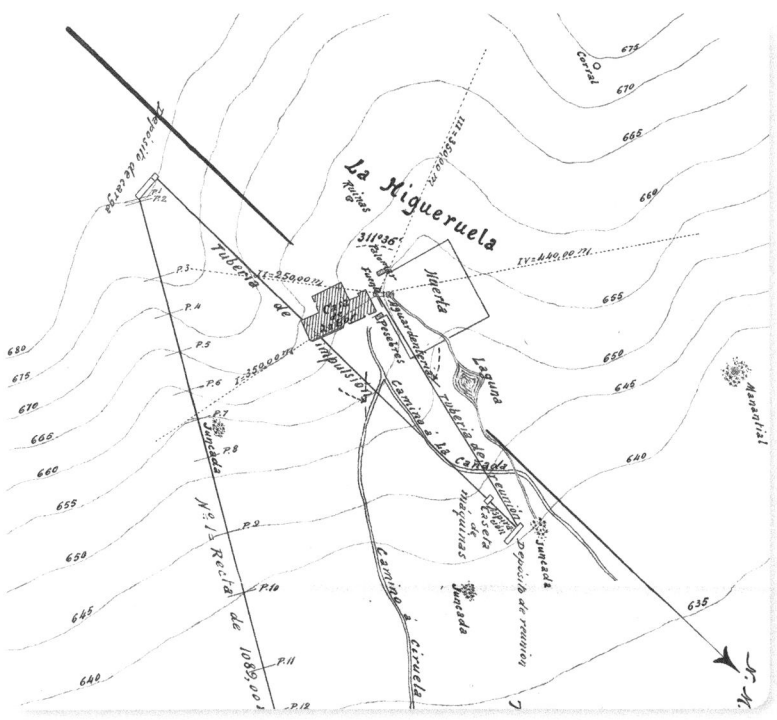

Plano de la toma de aguas y la elevación; proyecto de Casimiro Juanes.
AHM, 8019

Muñoz, la plaza de San Francisco y la plaza de Agustín Salido; fuentes públicas en el frontón de esquina de la calle Ballesteros y Lanza, en la calle Morería esquina a Azucena y en la calle de Pedrera Baja esquina a la de la Paz, y fuentes públicas con abrevadero en la calle de la Mata esquina a Pozo Concejo, la plaza del Cuartel, la puerta de Santa María y el frontón de esquina de la calle Alarcos y Postas.

Un revelador testimonio de la penosa situación y el atraso que padecía la ciudad en relación con el abastecimiento de agua es la noticia publicada en *El Pueblo Manchego*, de 18 de julio de 1911, con motivo de la reunión de la Junta Provincial de Sanidad a consecuencia de la expansión de una epidemia de cólera:

Para que haya higiene en los domicilios, preciso será que comience a haberla en las calles. Y en nuestras calles no aparece la higiene por ninguna parte. No se barre ni se riega, porque no hay barrenderos ni agua en abundancia. Y el mal ejemplo cunde.

Para que el vecindario se familiarizase con el lavado y con el baño, muchos no se lavan, salvo contadísimas excepciones nadie se baña, haría falta que se dispusiese de aguas en abundancia. Así no sería tacaño en derramar el preciado líquido, hoy escaso para las más perentorias necesidades. Porque es cosa cierta, que si en casa del pobre se condimentan los guisos con poco aceite, no es porque el fruto de la oliva no sea de su agrado, sino porque cuesta caro y dispone de escaso número de reales para adquirirlo. Cosa parecida podemos decir de las aguas. Si hubiese abundantemente la gastarían los vecinos en el aseo de las personas y en la limpieza de las casas[11].

La situación del saneamiento también era precaria, tal como se deduce de las instrucciones del Gobierno Civil para prevenir dicha epidemia en septiembre del mismo año:

11.ª Desagüe de aguas pluviales.
Como ya hemos indicado que el agua es uno de los vehículos por donde puede externarse la epidemia colérica, máxime si es pequeña la corriente o están encharcadas, siendo fangosos los fondos del recipiente que las contiene, es de utilidad práctica la limpieza de los desagües de las poblaciones.

Por lo que afecta a la capital reproducimos el acuerdo de la Junta Provincial en el año 1908 que dice así:

El ayuntamiento, en su buen deseo de montar la capital a la moderna, creó una brigada de barrenderos, la que, desatendida y mal organizada, pues se le encomiendan varios servicios, hace la deficiente limpieza de una pequeña parte de la población, causa de haber perdido la antigua y social costumbre de ejecutar cada vecino la limpieza de la vía pública correspondiente a su fachada.

Esto es motivo de que las aguas pluviales arrastren materias orgánicas que, al irse depositando por sedimentación en la deficiente alcantarilla de desagüe llamada La Cava, determinan la formación de pantanos artificiales e infectan el suelo y subsuelo de la misma y sus alrededores, convirtiéndose en causa ocasional de fiebres palúdicas e infecciones de otra índole.

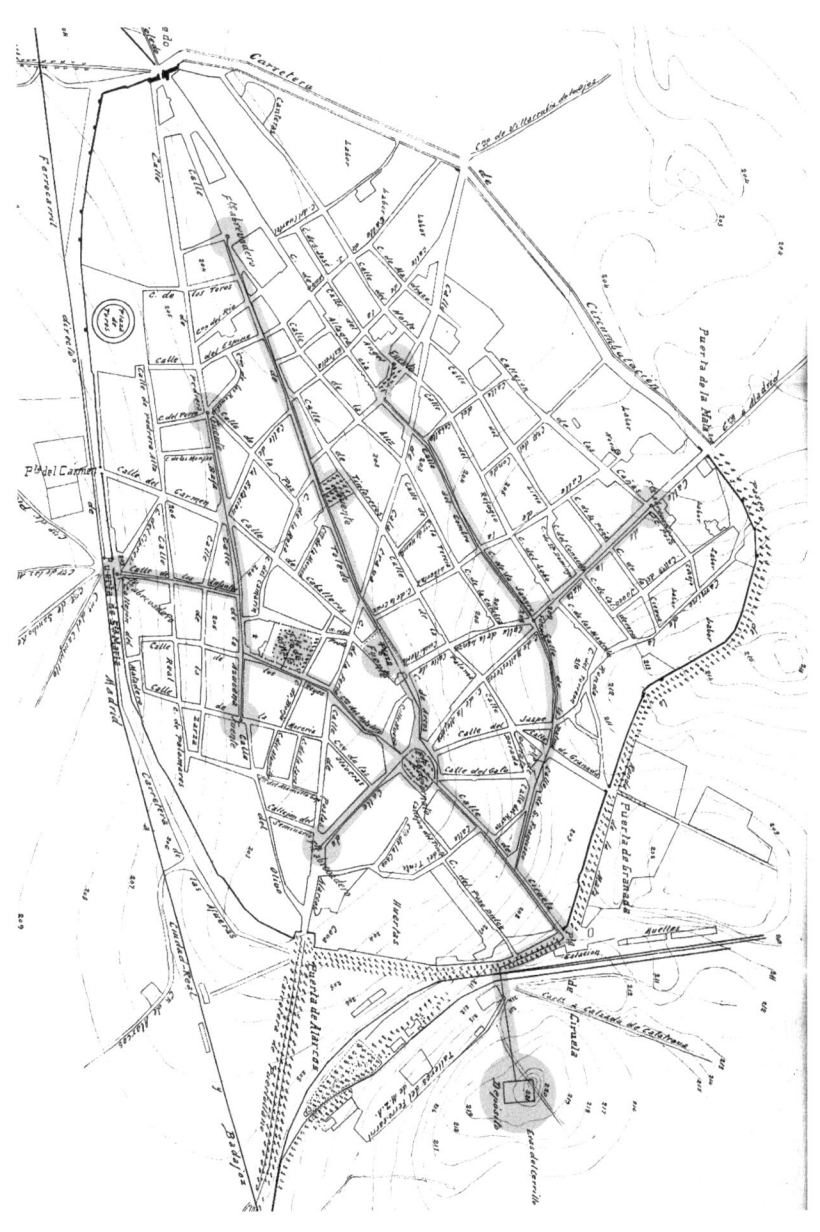

Plano de la red de distribución propuesta por Casimiro Juanes con agua de la Higueruela. AHM, caja 8019

Este mal se agranda si tenemos presente que las aguas de las cuatro quintas partes de la población tienen su salida por esta alcantarilla, que el suelo del Pilar y sus alrededores está formado por mantillo, que esta canalización es el sumidero de las aguas residuarias y fecales de muchos vecinos, que es el vertedero de algunas fábricas, y por último, que el matadero público vierte a la misma las aguas de la limpieza y las materias fecales de los animales sacrificados, que obstruyen en parte la luz de su sección.

A más, que si en todo o en parte no se subsanan algunos de estos defectos expuestos, aun cuando remotamente, estamos expuestos a ser víctimas de una catástrofe como la de Murcia, Consuegra o Almería[12].

En la sesión de 11 de enero de 1912, con Miguel Pérez Molina recién nombrado alcalde, se optó por abandonar el fallido intento del Arzollar y buscar más agua en la Poblachuela[13], encargándose de nuevo a Casimiro Juanes la redacción de un proyecto de mejora de las instalaciones existentes y proponiendo este excavar un nuevo pozo, sustituir las tuberías y construir un nuevo depósito[14].

Portada de *El Pueblo Manchego* que abre con la decisión de abandonar el Arzollar y buscar en la Poblachuela. 12.01.1912

El nuevo pozo se construyó con celeridad. En conversación del *Pueblo Manchego* con el Inspector local de Sanidad, el doctor Federico Fernández comentaba que «precisamente el viernes estuve en la Poblachuela acompañando al alcalde y al ingeniero Sr. Langreo. Este último practicó algunos reconocimientos y sondeos. Hoy tiene el nuevo pozo unos cuarenta y cuatro metros de agua». En dicha conversación se habla de que se calcula tenga 60 o 70 m³, y de que se podría llegar a los 100 haciendo

IMPORTANTE MEJORA PARA CIUDAD REAL

1 El Ilmo. Sr. Obispo y el Alcalde 2 D. Miguel Pérez Molina, oyendo del Arquitecto 3 Sr. Calvo y del Maestro 4 Sr. Romero las condiciones en que se construye el gran depósito para las aguas.

Visitando el nuevo pozo, que ya puede abastecer cuatro veces más de agua que la obtenida hasta hoy.

Página de *Vida Manchega*, de junio de 1912, con el reportaje de la visita a las obras del depósito y nuevo pozo

nuevas galerías. Se comenta así mismo que, entre ese pozo y el antiguo, se podría llegar a 200 m³. A la pregunta de si la solución resolvería el problema, la respuesta de Fernández resulta contundente:

> Evidentemente. Con doscientos metros cúbicos diarios de agua habría para casa de baños, para urinarios, para todas esas cosas que usted apuntaba antes. Y todo ello se ha de abordar pero sin vacilaciones, a la carrera. Yo no me canso de elogiar al Señor Pérez Molina, pues gracias a él disfrutará Ciudad Real de estos beneficios. Otra mejora importante es la tubería que se instalará y ha de beneficiar mucho la condición de las aguas[15].

En ese mismo número del diario, el alcalde Pérez Molina se dirige a los vecinos solicitando colaboración con las obras de tendido de las nuevas tuberías de «acero revestido de asfalto» como han hecho los propietarios de las fincas del exterior:

> (...) que han dado todo género de facilidades para llevar a cabo la realización de las obras allí comenzadas, penetrados como lo está el pueblo, de tan urgente mejora que satisface los anhelos y legítimas aspiraciones del vecindario en general, y que este Municipio se propone llevar a feliz término, para solucionar, en gran parte, el problema de abastecimiento y el de higiene de esta capital...

En junio, la revista gráfica *Vida Manchega*[16] (ver página anterior), acompaña la noticia de visita a las obras del pozo y el depósito por parte del alcalde y el Sr. Obispo, dejando valioso testimonio gráfico de ello. En la imagen superior se ve la excavación del depósito que se situaría en una zona elevada al oeste de la ciudad en la parcela hoy ocupada por la Escuela Infantil Alfonso X, entre las calles Bullaque y Bañuelos, observándose al fondo el antiguo hospital.

El número del 15 de agosto muestra el avance de las obras del depósito, cuyo modesto edificio de mampostería y aristones de ladrillo está prácticamente terminado, e incluye una fotografía de José Alcázar, concejal encargado del abastecimiento, a quien se elogia en un cuadradillo:

Estado de las obras del depósito y retrato del concejal José Alcázar.
Vida Manchega, 15.08.1912

De mejoras llevadas a cabo por el actual Ayuntamiento, la del abastecimiento de aguas es la que más ha de beneficiar a Ciudad Real.

Hacemos constar este hecho, y porque lo creemos justo juntamente con él mencionamos el nombre de D. José Alcázar Olivier, infatigable paladín de tan importantísimo problema.

Gracias a la constancia, a sus campañas briosas y desinteresados como Concejal, el contrato leonino que firmara en tiempos a favor de un concesionario un ayuntamiento benévolo fue al suelo, dando lugar al actual abastecimiento de aguas[17].

El pozo se situó junto al camino viejo de Alarcos y contaba con una máquina de vapor para el bombeo del agua hasta un pequeño depósito metálico elevado, suficiente para tomar presión y llevar el agua hasta el depósito.

Con los años, el pozo acabó en una parcela propiedad de la Diputación y, ya fuera de uso, se demolieron la caseta y el depósito elevado, no quedando ningún resto en la actualidad, a excepción del pozo. Afortunadamente, tenemos imágenes previas a la demolición que son fácilmente comparables a la que ocupaba la portada de *Vida Manchega* en octubre de 1912.

El nuevo pozo, el depósito y las nuevas fuentes que sustituyeron a las de Salarnier fueron inaugurados, con gran solemnidad, el 27 de octubre de 1912 contando con la presencia de las principales autoridades del momento: el presidente de la Diputación, Antonio Criado; el alcalde de la Ciudad, Miguel Pérez Molina; el obispo prior de las órdenes Militares; el senador del Reino, José

Caseta del pozo de la Poblachuela, de 1912, poco antes de su demolición. Fotografía: Diputación Provincial de Ciudad Real

Cendrero; el gobernador civil, Miguel Jordán, y por supuesto, Rafael Gasset[18], Diputado en Cortes por esta provincia.

La visita de Gasset se desarrolló siguiendo una apretada agenda que incluía la misa a primera hora, la bendición del depósito por parte del Sr. Obispo y la visita del diputado a dos importantes equipamientos que, en buena medida, fueron resultado de sus gestiones: la Granja Agrícola y la Escuela de Artes y Oficios. La jornada terminó con un gran banquete con el que el ayuntamiento agasajó al ministro.

A pesar de que la obra supuso un importante paso adelante, *El Pueblo Manchego* subtituló el 28 de octubre la inauguración de las fuentes con un contundente «esto no es bastante» que pretendía dejar claro que aún quedaba mucho camino por andar.

Además de la sustitución de las fuentes existentes, se colocaron otras nuevas en el paseo del Prado y en el Mercado[19] (actual Subdelegación del Gobierno). El nuevo modelo adoptado para las fuentes se componía de una base hexagonal con seis grifos y unas farolas de fundición a modo de coronación.

VIDA MANCHEGA

Ciudad Real 31 de Octubre de 1912

POZO CONSTRUIDO RECIENTEMENTE
PARA EL NUEVO ABASTECIMIENTO DE AGUAS DE CIUDAD REAL.

1 D. Antonio Criado, Presidente de la Diputación provincial; 2 Ilmo. Sr. D. Miguel Pérez Molina, Alcalde presidente; 3 Ilmo. Sr. Obispo-Prior de las Órdenes Militares; 4 D. José Cendrero, Senador del Reino; 5 Excmo. Sr. D. Rafael Gasset, Diputado á Cortes por Ciudad Real-Piedrabuena; 6 D. Miguel Jordán, Gobernador civil, visitando el pozo de extracción del nuevo abastecimiento de aguas, cuyo aspecto y acertada instalación, mereció el aplauso de todos y expresivas felicitaciones para el Sr. Pérez Molina.

Portada de *Vida Manchega*, 31.10.1912 dando cuenta
de la inauguración del nuevo pozo

Banquete celebrado en honor de Gasset por la
inauguración del nuevo abastecimiento.
Vida Manchega, 31.10.1912

Vida Manchega, 31.10.1912. 1.- Antonio Criado, presidente de la Diputación Provincial; 2.- Miguel Pérez Molina, alcalde de Ciudad Real; 3.-Obispo prior de las órdenes militares; 4.-José Cendrero, senador del Reino; 5.- Rafael Gasset, diputado a Cortes por Ciudad Real-Piedrabuena; 6.-Miguel Jordán, gobernador civil

Nueva fuente en la plaza del Carmen. *Vida Manchega*, 07.11.1912

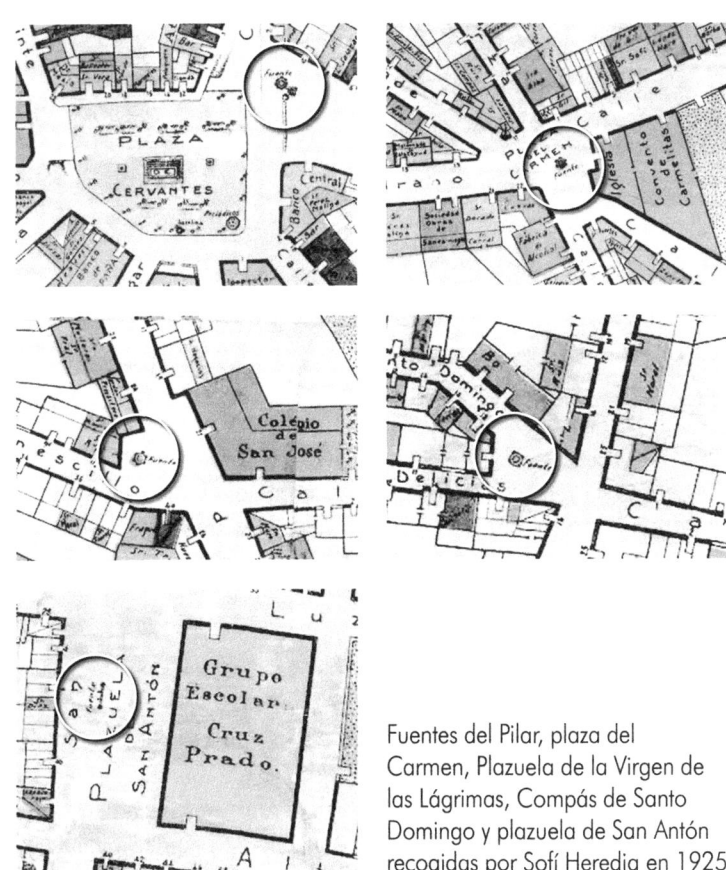

Fuentes del Pilar, plaza del Carmen, Plazuela de la Virgen de las Lágrimas, Compás de Santo Domingo y plazuela de San Antón recogidas por Sofí Heredia en 1925

Sabemos que ese modelo se colocó en la plaza del Carmen y en la plaza del Pilar, cerca del conocido árbol de la suerte. Además, parece que, de manera provisional, se colocó una fuente ornamental en la plaza de Constitución. Desgraciadamente, ninguna de estas fuentes se ha preservado.

Poco después se debieron incorporar la fuente del Compás de Santo Domingo y la de la plaza de San Antón, recogidas en el plano censo de Martín Sofi Heredia, dibujado por Andrés Ruiz Arche en 1925, que permite localizar todas las fuentes públicas de la ciudad en ese momento.

Poco después de inaugurarse las fuentes, el gobernador civil requirió al ayuntamiento para que procediera a la toma de mues-

Fuente del Compás de Santo Domingo, años 50 probablemente

tras del agua para su análisis, tal y como solicitaba el Inspector Provincial de Sanidad. Este requerimiento es una buena síntesis que permite conocer la situación del abastecimiento a finales de 1912:

> El abastecimiento de aguas potables de la capital se hace de cuatro pozos, propiedad del Municipio, los dos que surten las fuentes públicas y los llamados San Sebastián y Santa Catalina. También se surte el público, mediante estipendio, que cobran los propietarios, del pozo propiedad de D. Vicente Almagro y de otro, propiedad de la viuda de D. Rafael Chacón; algunas familias pudientes hacen uso del agua de la fuente del Arzollar, propiedad municipal, y algunos, aunque pocos, del agua de Villarrubia, procedente de Daimiel. Para uso doméstico como fregado, limpieza de suelo, etc. etc. se usa el agua de los muchos pozos que existen en los domicilios siendo esta agua impotable[20].

Las fuentes se convirtieron en un elemento fundamental de la vida de la ciudad ya que, de una manera u otra, todos los vecinos debían pasar por ellas para abastecerse. Como se ha visto, ya desde la puesta en marcha del servicio de fuentes públicas de Salarnier en 1860, el agua se cobraba por cántaros a un precio de tres cuartos de real por cuatro cántaros. Para ello, en cada fuente había un guarda de la fuente o «fuentero» que era el encargado del cobro, así como de la apertura y cierre de la fuente. Tenía una

El depósito de Santa María, rodeado de árboles, en las afueras de la ciudad. Foto realizada por el aviador Walter Mittelholzer en 1928, Biblioteca ETH, Zurich

CIUDAD-REAL — Juente del Pilar

Ciudadanos y aguadores hacen cola en la fuente del Pilar, tras la remodelación de Pérez Molina. Obsérvese la caseta del guarda de la fuente y el murete de la derecha que separaba el inicio del puentecillo por el que se desaguaba la ciudad hacia la cava. CECLM

pequeña caseta de madera con tejado de zinc para guarecerse, siendo habituales las colas de aguadores y vecinos para rellenar sus cántaros.

El precio del agua fue motivo de debate permanente en la ciudad y dejó un rastro casi continuo en la prensa local. Cuando en 1911 se incautaron las fuentes de Salarnier, *El Pueblo Manchego* criticó al alcalde por la subida del precio de las aguas:

> El cántaro de agua se cobraba a dos céntimos y así se cobra en la actualidad. Pero por dos cántaros se cobraba tres céntimos y ahora cuestan cuatro céntimos. (...) Aunque fuese verdad que los consumidores hacen creer al encargado de la fuente que sus respectivos cántaros son de uno solo ¿con qué derecho se les niega esa unión?[21].

El hecho de que el precio unitario se redujera adquiriendo varios cántaros aseguraba el margen a los aguadores que, con un burro o carrito podían cargar bastantes cántaros para distribuir después agua en las casas de los más pudientes. Ahora bien, el sistema de cobro parece que dio no pocos problemas. Por un lado, era difícil controlar lo recaudado por los fuenteros que parece que a menudo se quedaban con parte de la recaudación, por lo que se decidió centralizar el cobro mediante la adquisición previa de vales en el ayuntamiento[22]. Por otro, también hubo problemas por la falta de cambio de los guardias, puesto que escaseaba la moneda pequeña y se producía un redondeo al alza con el que los encargados de las fuentes se hacían con un buen sobresueldo:

> Como no abundan los céntimos, son muchas las mujeres que acuden a por un cántaro de agua y entregan una moneda de cinco céntimos, de la cual, señor alcalde, los encargados de las fuentes les devuelven dos céntimos, cobrándoles uno de más.
> Suele suceder que la mujer que ve como se quedan con lo que es suyo, pretende volver a llenar otro cántaro –no todas tienen dos, ni fuerzas para llevarlos– pero el encargando de la fuente pretextando que solo ha de hacerse de una vez para que valgan solo tres céntimos, se niega a ello, y cuando la mujer vuelve le cobra otros dos céntimos por el segundo cántaro...[23].

Humor gráfico en *Vida Manchega* en 1913, a vueltas con lo afortunados que eran los guardias de las fuentes

Además de los problemas derivados del pago del agua y al ser las fuentes lugar de reunión, puesto que era habitual tener que hacer cola para coger el agua, eran frecuentes los conflictos entre los usuarios particulares y entre los aguadores.

Entre aguadores

Por motivo de una disputa suscitada ayer tarde en la fuente del Pilar sobre quién había de ser el primero en tomar el agua, se promovió una pelea entre los cargadores Sotero González Astilleros é Ignacio Rodríguez del Amo.

Ignacio descargó sobre la cabeza de Sotero un fuerte golpe con un cántaro.

Llevado á la Casa de Socorro de la operación una herida que fué declarada de pronóstico reservado.

El aguador ha sido puesto á disposición del Juzgado.

Entre domésticas

Esta mañana en la calle del Lirio, cuestionaron dos criadas, por si la una había llenado antes que la otra, los cántaros de agua en la fuente.

Se obsequiaron con unas cuantas frases *amorosas* y causaron la hilaridad del público.

Noticia de una disputa entre aguadores, *El Pueblo Manchego* n.º 139, 25.06.1911, y otra entre criadas, *El Pueblo Manchego* n.º 1696, septiembre de 1916

La prensa recoge quejas de los vecinos por conductas incívicas, como que los niños jueguen y ensucien los grifos cuando están las fuentes cerradas[24], o incluso curiosas noticias de actos vandálicos como el llevado a cabo por un oriundo del Rif.

No sabemos hasta cuándo perduró el oficio de fuentero. El 4 de enero de 1924 se produjo la amortización de una de estas plazas, puesto que ese año empezó a funcionar precariamente el sistema de abastecimiento, de modo que el agua comenzó a llegar

Hoy ha sido encerrado en la preven-
ción municipal un zulú que fué sor-
prendido al intentar hacer aguas meno-
res dentro de los caños de la nueva
fuente de la plaza del Carmen.

Estos *rifeños* merecen un castigo
ejemplar.

Arria. Noticia aparecida en *El Pueblo
Manchego*, n.º 507, 16.09.1912

Abajo y a la izquierda. L. Roisin.
16.09.1912
*20 vistas de Ciudad Real.
Calle General Aguilera*. CECLM

a los domicilios de los más pudientes. Sin embargo, y durante
todavía muchos años, buena parte de la ciudad siguió abasteciéndose de las fuentes, con lo que la imagen de los ciudadrealeños
acarreando cántaros de agua siguió siendo habitual. Una postal
de la calle Arcos (luego General Aguilera) de 1920 permite observar, en primer término, a la derecha, una niña cargada con
un pesado cántaro de agua que, muy probablemente, acabaría de
comprar en la fuente del Pilar.

NOTAS Capítulo 3

1 Acuerdo de la Sesión Ordinaria del Ayuntamiento de Ciudad Real de 23 de marzo de 1907: «Que se requiera al contratista de las fuentes públicas de esta Ciudad Sr. Salarnier, para que ponga a disposición del vecindario la cantidad de agua suficiente a las necesidades del mismo». *BOP*, 26.04.1907, p. 6.

2 El 9 de abril se aprueba «lo propuesto por el Sr. Alcalde para que se abastezca de aguas a las fuentes públicas de esta población abonándose los gastos que se originen con cargo al capítulo de imprevistos, y que por la Comisión de Policía urbana, Sr. Arquitecto e Inspector provincial de Sanidad se gire una visita a los pozos y depósitos de agua del Sr. Salarnier y se estudie sobre el terreno lo más conveniente para abastecer de aguas a esta capital con vista del contrato actual». *BOP*, 02.06.1909, p. 10.

3 Sesión ordinaria de 20 de enero de 1910: «Quedar igualmente enterada de un informe de la Comisión especial de Aguas en el asunto referente al abastecimiento de aguas potables a esta capital, sobre rescisión del contrato hecho con D. Carmelo Salarnier, y que por el Sr. Regidor Sindico se dictamine acerca del procedimiento para la ejecución del anterior acuerdo, y dada la urgencia del caso, que lo verifique en el termino de cuarenta y ocho horas, para celebrar sesión extraordinaria el próximo domingo y resolver lo que se crea procedente». *BOP*, 11.03.1910, p. 13.

4 En 1912 se aprueba devolver 4,19 ptas. a Carmelo Salarnier de la contribución territorial de los pozos de la Poblachuela, puesto que ya estaban incautados. *BOP*, 06.05.1912, p. 2.

5 Pillet, op. cit., p. 325.

6 Memoria del «proyecto de sustitución de la tubería de aguas y construcción de un doble depósito en la capital», p. 2. ACHG, caja 830.

7 «Las aguas del Arzollar (...) son potables y aún buenas bajo el punto de vista químico, aunque estos grados, que representan impurezas sean triple que los 4 que tiene las de la Higueruela, y ciertamente hace cincuenta años así lo hubieran parecido, pero los modernos adelantos no permiten que nos contentemos

con solo el análisis químico; más esencial es hoy el bacteriológico y bajo este aspecto se dice que son muy malas; que unas aguas bien pueden tener pequeñas cantidades de substancias minerales en disolución y ser malsanas por estar plagadas de microbios patógenos que es lo que se sucede a las del Arzollar, según se dice». Noticia-Editorial firmada por «Un Sotazahorí» en *El Pueblo Manchego*, 15.07.1911, p. 1.

8 *El Pueblo Manchego*, n.º 160, 16.07.1911.

9 En el AHM se conservan sendos expedientes. AHM, caja 8019.

10 AHM, caja 8019.

11 *El Pueblo Manchego*, n.º 160, 18.07.1911.

12 *El Pueblo Manchego*, n.º 201, 08.09.1911.

13 *El Pueblo Manchego*, n.º 301, 12.01.1912, p. 1.

14 En la sesión de 12 marzo de 1912 se acuerda «que se manifieste al Ingeniero D. Casimiro Juanes haber visto con gusto y satisfacción el Ayuntamiento el proyecto sobre mejoramiento para abastecer de aguas potables a esta población, consistente en la construcción de un pozo, sustituir la tubería y construcción de un depósito. Autorizar al Sr. Alcalde para que convenga las condiciones de la cesión con los dueños de terrenos en que se ha de colocar la nueva tubería de conducción de aguas a esta capital desde la Poblachuela». *BOP*, 06.05.1912, p. 2.

15 *El Pueblo Manchego*, n.º 409, 20.05.1912, p. 1.

16 *Vida Manchega*, 20.06.1912.

17 *Vida Manchega*, 15.08.1912.

18 Gasset había impulsado, durante los años que fue Ministro de Fomento, la construcción del «pantano de Fernancaballero» para regadíos. Como es sabido, dicho embalse acabaría con los años recibiendo su nombre y sirviendo para el abastecimiento de la Ciudad Real.

19 En la sesión municipal de aprueba el pago de varias facturas de la tubería para llevar las aguas al paseo del Prado y la fuente del Mercado. *El Pueblo Manchego*, 02.09.1911.

20 *El Pueblo Manchego*, n.º 594, 27.12.1912.

21 *El Pueblo Manchego*, 03.01.1911.

22 PALOMARES GARCÍA, V. (2018), *Miguel Pérez Molina (1868-1939) y la Academia General de Enseñanza de Ciudad Real*, BAM, Diputación de Ciudad Real, p. 44.

23 «El problema del cambio en las fuentes». *El Pueblo Manchego*, n.º 1.462, noviembre 1915.

24 Carta al director en *El Pueblo Manchego*, n.º 1.594 de mayo de 1916, quejándose de la falta de higiene en la fuente de la calle Calatrava.

Escudo de la SGOS en el depósito de La Atalaya

4 | La Sociedad General
de Obras de Saneamiento

Como se ha señalado, el diario *El Pueblo Manchego* de 28 de octubre de 1912 había subtitulado bajo la noticia de la inauguración de las fuentes nuevas realizada por el alcalde Pérez Molina con un exigente «Esto no es suficiente». En efecto, aunque el nuevo pozo, depósito, conducciones y fuentes mejoraron en mucho el precario sistema puesto en marcha más de 50 años antes por Salarnier, quedaba aún mucho por hacer para asegurar un suministro de calidad y cantidad suficientes, y más aún para tener agua corriente en los grifos domésticos y gratuita en las fuentes públicas.

TERRIBLE CONFESION

Un mal sin remedio

Conversábamos en un corro de amigos, entre los que había dos concejales. Uno de éstos trajo á cuento nuestro tema casi diario sobre el riego de los paseos; y al recordarle nosotros lo que se hace en otras poblaciones, nos dijo: «Pues aquí no se puede regar..... porque no hay agua».

¡Terrible confesión! Y además de todo en todo desconsoladora, y que revela la causa principal del atraso y del estancamiento, que aquí padecemos en muchas cosas.

Dos elementos, fuentes inagotables de riqueza, creó la infinita Bondad para todos los seres, racionales é irracionales, altos y bajos, ricos y pobres, nobles y plebeyos: la luz y el agua.

El sol sale para todos, y lo mismo visita al potentado en su suntuoso palacio, que alegra al pobre en su choza miserable. Y el vagabundo que no tiene otra casa que el ancho campo, ni más cama que el duro suelo, es consolado y confortado por el sol, que le rodea y le acompaña á todas partes.

También el agua corre abundante para todos; y salta para el rico en la fuente monumental de espléndidos jardines, y brota entre las piedras del camino y entre las junturas de las rocas, y salta del monte al valle y corre por el campo llevando á todos el regrigerio, la salud y la vida.

Pues bien, aquí tenemos sol abundante. Pocas poblaciones tienen tanto sol, alegría tanta como Ciudad Real. Pero ¿el agua? El agua, no. El agua no brota aquí para todos.

Cuando el transeunte, que va de pueblo en pueblo arrastrando su cuerpo y dejando por esos caminos gotas de su sudor y pedazos de su vida, llega á una población, su visita primera es á la fuente pública, donde templa los ardores de la sed y hace provisión del preciado líquido para el resto del camino.

Al amparo de las fuentes suele verse en muchas poblaciones, á los pobres que allí comen el mendrugo y beben agua á su placer.

Aquí, no. Aquí no puede el pobre hallar consuelo semejante. Aquí no puede acercarse á la fuente, sino el que tiene dinero. Aquí no hay fuente pública. Aquí el agua no brota para todos.

¿Para el pobre hemos dicho? Ni aún para el rico, muchas veces, ó, por lo menos, en la medida de las necesidades, no digamos de los deseos ni de las exigencias de la vida moderna.

Pero vamos á ver: en Ciudad Real ¿no pueder haber agua? ¿No se puede hacer aquí lo que se hace en otras partes? ¿Qué falta? ¿A quién hay que acudir? ¿Qué es necesario hacer?

Seriamente deben pensar en estas cosas los administradores y directores de la vida local, dando cuenta al pueblo de lo que hagan; porque, sino, será inmensa su responsabilidad.

El Pueblo Manchego (21.07.1916) publicó esta carta que muestra la insuficiente dotación de agua de la ciudad

El problema era, por entonces, doble. Por una parte, era necesario encontrar por fin una fuente suficiente de agua de calidad y, por otro, había que establecer la manera de acometer el proyecto, bien mediante una concesión a una empresa privada, aunque las experiencias con Salarnier primero y Redondo después habían sido claramente negativas, bien acometiendo directamente desde el Ayuntamiento la gestión del agua en la ciudad, sin perder de vista la modesta capacidad financiera del municipio.

El 24 de octubre de 1916, el alcalde José Cruz Prado presentó en el pleno una moción en la que, tras valorar lo hasta entonces realizado, planteaba lúcidamente las preguntas que interpelarían, a lo largo del siglo XX, a todos los alcaldes de Ciudad Real:

> ¿Ha quedado con esto resuelto el problema de abastecimiento de agua a la población?
>
> ¿Pueden producir los pozos que se utilizan el agua necesaria para ulteriores desarrollos?
>
> ¿Será siempre la cantidad que pueda extraerse igual por lo menos a la que hasta ahora se extrae?[1].

Tras un contundente «de ningún modo», propuso centrar la tarea del Ayuntamiento en el abastecimiento, sin olvidar el saneamiento y desagüe, gestionándolos directamente:

> El procedimiento de concesiones para ejecución del proyecto sería contraproducente y expuesto a muchas dilaciones que darían al traste con la realización, pues son tantos y tan varios los obstáculos que pueden presentarse, que el particular contratista aprovecharía cualquier incidente para demorar tiempo indefinido lo que creyera que no convenía a sus intereses como negocio industrial, y ante tantas contrariedades como la experiencia ha mostrado, es preferible que en la realización de este proyecto no haya más entidad interesada y defensora que el propio Ayuntamiento, como representación fiel y completa del vecindario.

Sugirió el alcalde recoger muestras de agua de aquellos lugares donde los técnicos habían indicado que podría haber agua (el río Bullaque, el valle de los Molinos, la Higueruela, y el Pantano

Recogida de muestras en el embalse de Gasset. *Vida manchega,* 10.12.1916

de Gasset), realizar aforos de aquellas que resultaran potables, elaborar el anteproyecto de las obras y, una vez conocido el presupuesto, solicitar apoyo económico al Estado.

Las tomas de muestras se realizaron con cierta lentitud, lo que suscitó críticas en la prensa por la falta de premura en las gestiones. Tras la creación de una comisión municipal encabezada por el inspector provincial de Sanidad, en noviembre se visitó la Higueruela y en diciembre el embalse de Gasset.

En abril de 1917, acompañada por el alcalde José Cruz Prado, la comisión se dirigió al río Bullaque. Uno de los miembros de la comisión, el director de *Vida Manchega,* Enrique Pérez Pastor, propuso financiar el abastecimiento mediante un impuesto para los 4.500 vecinos empadronados, divididos en seis categorías según las rentas (cuotas de diez, ocho, cinco, tres y dos pesetas mensuales, estando los últimos exceptuados), y que el Ayuntamiento instalara a cambio para cada vecino un grifo en cada cocina. Se obtendrían así, según sus cálculos, 25.000 ptas. mensuales. Para financiar la operación, proponía emitir acciones de 100 ptas. al 6%, bajo el control del Ayuntamiento.

El 19 de septiembre de 1917 el inspector de Sanidad y el concejal responsable viajaron al valle de los Molinos y, poco tiempo después, la que inicialmente no era sino una posible fuente más se convertirá en el primer abastecimiento moderno de Ciudad Real. Al finalizar el año, y animado por el nuevo obispo de Ciu-

El Inspector Provincial de Sanidad D. Federico Fernández lacrando las botellas que contenían las muestras de aguas recogidas de los manantiales de la Higueruela, propiedad de D. Francisco Martínez, con destino al análisis en el laboratorio pro incial, para el abastecimiento de Ciudad-Real, cuya excursión se efectuó el 1.º del actual asistiendo el alcalde de la capital Sr. Cruz y los directores de la prensa local Sres. Saúco, Gómez-hobo, Valencia y otros invitados

El Sr. Gómez-hobo llenando una de las botellas que previamente habían sido esterilizadas por el Dr. Barrientos, Director del laboratorio.

Uno de los lugares más frondosos de la finca, en el que apare-ce la servidumbre del Sr. Martínez, el que hizo colmar de agasajos á los invitados.

FOTS. F. LERIDA

Visita a la Higueruela. *Vida Manchega*, 10.11.1916

Abastecimiento de aguas para Ciudad Real

PRECIOSOS LUGARES DEL TÉRMINO DE PIEDRABUENA, EN DONDE TIENE IMPORTANTES MANAN-
TIALES EL RIO BULLAQUE

La Comisión encargada de informar si las aguas del río Bullaque pueden constituir un importante abastecimiento á esta capital, visitó recientemente el lugar más caudaloso del mencionado río y obtuvimos esta pintoresca gráfica en cuyo grupo rodeado de las personalidades de Piedrabuena y los Comisionados del Ayuntamiento de Ciudad-Real, se hallaba el ex-diputado provincial D. Felipe Velasco, que en ésta, como en todas ocasiones, demostró su caballerosidad, esplendidez y amor á todo cuanto sea beneficioso para su provincia, altruismo natural en el y que á todos cuantos le conocen, obliga á quererle y estimarle profundamente.

Fot. E. Pérez

DON JORGE DE MATEOS, PRESTIGIOSO ABOGADO DE PIE-
DRABUENA, AL REGRESAR ACOMPAÑADO DE DON FELIX
CAMARENA, DESPUÉS DE LLENAR UNA DE LAS BOTELLAS
PARA EL ANÁLISIS.
Fot. E. Pérez.

EL DOCTOR D. FEDERICO FERNANDEZ EN EL ACTO DE LLE-
NAR UNA BOTELLA AYUDADO POR EL DIPUTADO PROVIN-
CIAL D. JOSÉ GÓMEZ DE LOS RÍOS Y PRESENCIADO POR EL
ALCALDE DE CIUDAD-REAL D. JOSÉ CRUZ PRADO.
Fot. E. Pérez.

Página 3 de la revista *Vida Manchega* de 10 de abril de 1917, con el
reportaje de la toma de muestras en río Bullaque

Pintorescas inmediaciones del Valle de los Molinos, donde está enclavada la célebre ermita del Cristo del Espíritu Santo, patron de Malagón, cuyas innumerables huertas de frutales que la rodean, convierten en sitio delicioso aquellos lugares, sustentados por tan finísimas aguas.

Vista general del Valle de los Molinos, en término de Malagón, donde existe la creencia de un posible abastecimiento de aguas, suficiente para Ciudad Real, cuya recogida de muestras para analizarlas en el Laboratorio provincial, se efectuó el 19 del actual.

El Dr. D. Federico Fernández Alcázar, (1) en calidad de Inspector de Sanidad, llenando las botellas, previamente esterilizadas, acompañado del Concejal Sr. Cárdenas Chacón (2) y del director de *La Tribuna*, Sr. Gómez Lobo. (3)

Nota cómica del *viaje.*—Cómodos y ligeros *automóviles* empleados en la excursión, desde la Ermita del Cristo hasta los nacimientos de agua, asistiendo guías conocedores de tan solitarios y agrestes lugares, y á quienes acompañó la benemérita.

Fots. E. Lérida.

Reportaje en *Vida Manchega* del viaje al Valle de los Molinos
para tomar muestras

Portada del documento de la propuesta de Rafael Picavea.
AHM, caja 8020

dad Real, el guipuzcoano Javier Irastorza, un empresario vasco, Rafael Picavea, presentó un cuidado documento al ayuntamiento con un estudio económico y técnico de una empresa para el abastecimiento y saneamiento de la ciudad[2].

La propuesta de Picavea pasaba por constituir una sociedad anónima que se encargaría de la construcción del abastecimiento y el saneamiento, así como de la posterior explotación del servicio. Planteada la propuesta, y aunque los políticos locales se habían mostrado reacios a nuevas concesiones, el empresario logró pronto el apoyo de la ciudad. Y ello a pesar de la aparición de críticas como la esbozada de nuevo por Enrique Pérez Pastor en junio de 1918:

> ¿Cómo se explica pues, que estemos ya con las manos en la masa, según nuestro alcalde ha dicho a la prensa, refiriéndose al proyecto plateado por el Sr. Picavea, representante de una poderosa

EL PROBLEMA DE LAS AGUAS

El pueblo todo, debe comprender, que si él, por sí mismo, no acomete la empresa del abastecimiento de aguas y el alcantarillado de la población, cuando este problema llegue a ser un hecho, llevado a cabo por una Sociedad extraña, saldrán anualmente de Ciudad Real de 15 a 20.000 duros, para el pago de intereses y obras, mas el importe de la recaudación del abastecimiento, además de estar el vecindario ajeno completamente al negocio.

Extracto del encabezado del artículo aparecido en
Vida Manchega el 15.12.1918

sociedad bilbaína? ¿Presentan estos señores suficiente caudal de agua? ¿Se ha visto ya?

¡No, Sr. Palacios!, deje fermentar la levadura para que la cocción produzca un agradable y provechoso sustento!

Al Valle de los Molinos ha ido recientemente una Comisión del Ayuntamiento y trajo la impresión de que allí no había aguas ni para beber los actuales habitantes de Ciudad Real[3].

Esta y otras reticencias iniciales fueron superadas por Picavea, que no dudó en entrevistarse con el periodista. Consiguió que moderara algo su opinión. En el siguiente número, Pérez Pastor redujo el tono crítico y, aun sin apoyar la propuesta, publicó su columna elocuentemente titulada «La ocasión la pinta calva».

Ya en septiembre de ese año, el consistorio pudo valorar el estudio que, a partir de la propuesta de Picavea, había realizado el ingeniero de caminos Ezequiel Naranjo, jefe de la División Hidráulica quien había detectado algunos problemas técnicos en la propuesta de Picavea. La mayor parte de los concejales decidieron, en todo caso, seguir adelante estudiando esta propuesta en tanto en cuanto no comprometiera al Ayuntamiento[4].

En diciembre se publicó un duro artículo firmado por José Sarachaga, redactor de la revista *Vida Manchega*, que, bajo el título «El problema de las aguas», subtitula en negrita advirtiendo sobre la posibilidad de que el capital extranjero entrara en ese negocio. El artículo criticaba también la indolencia y desconfianza de los ciudadrealeños, que habían hecho que el problema del abastecimiento no se resolviera en tantos años:

Y cuánta tristeza causa contemplar a los nuestros, que por si solos no pudieron, porque no quisieron, resolver tan importante problema, dispuestos ahora a ayudar, a cooperar con quien viene a darnos en nuestra propia cara, que somos impotentes, que no hemos tenido capacidad, que no hemos sabido remediar nuestra suprema necesidad, abandonando nuestros intereses, en sus manos, en extrañas, que vienen a desenvolver el negocio[5].

Además, tras poner en duda la solvencia del sindicato al que Picavea representaba y que el valle de Molinos dispusiera de suficientes recursos puesto que desde allí ya había intentado infructuosamente Redondo traer agua a la ciudad, proponía que esta se encargara de la empresa:

(...) resulta como medio más viable, para llegar al fin anhelado y que nos preocupa tenazmente, hacer el abastecimiento por nosotros mismos, es decir, sin necesidad de tutelas extrañas, que vengan a poner en renta un capital, para luego llevarse, el capital expuesto aumentado por el interés y el provecho que rinde el negocio.

Ya que antes hemos sido incapaces de acometer esta empresa, hagámosla ahora siquiera sea con la egoísta perspectiva de un buen negocio.

Fórmese, en el pueblo, una Sociedad explotadora que como punto de partida, tenga primero, el de buscan un alumbramiento de aguas, suficiente para bastecer la población, y conocido el caudal, realícese el proyecto.

Para hacerse esa agrupación por suscripción pública por cantidades desde 25 pesetas en adelante.

Cualquiera de nuestros dos periódicos diarios se brindará a reseñar esta suscripción, que *Vida Manchega*, **encabeza con 2000 pts** (las negritas en el original con mayor tamaño de letra)[6].

Tras insistir en la prioridad del abastecimiento frente al saneamiento, finaliza el artículo justificando el porqué de su redacción, y traduciendo un cierto pesimismo respecto a que lograse alcanzar su objetivo:

(...) que lo expuesto causa la íntima satisfacción de un deber cumplido, porque si algún día, al comentar este hecho, se dijera que el pueblo no pudo arraigar la idea y que de fuera vinieron a redimir-nos, constará, al menos que no fue por falta de iniciativas, ni de alientos; que en voluntad de unos cuantos palpitó el entusiasmo y el deseo de hacer ellos lo que por derecho propio les correspon-de, y de lo que tuvieron que abdicar por falta de apoyo, por falta de ayuda, de los que jamás sintieron amor hacia el solar donde están nuestros afectos, donde creamos nuestros intereses, donde esta nuestra cuna; hacia este viejo solar al que debemos dedicar nuestros afanes para sacudirlo del letargo, en el que ya bastante tiempo se halla sumido y hacer de él una Ciudad moderna y bella que responde a su nombre y al abolengo de su regia estirpe[7].

Infructuosos fueron estos llamamientos de *Vida Manchega*. Con la vuelta de José Cruz Prado a la alcaldía, el lento proceso de dotar a Ciudad Real de un abastecimiento de calidad aceleró de forma vertiginosa de manera que, el 7 de enero de 1919, la ciudad otorgó la concesión del abastecimiento y saneamiento a Picavea. De la trascendencia de momento nos da idea el titular a seis columnas de *El Pueblo Manchego* del día siguiente: «Ayer se echaron los sillares de una ciudad moderna».

El diario *El Pueblo Manchego* publicó los días siguientes las bases aprobadas por la comisión especial del Ayuntamiento. Se trataba básicamente de una concesión en exclusiva para la venta de aguas potables, en la que Picavea se comprometía a conseguir la concesión administrativa; a adquirir la propiedad y realizar todas las gestiones necesarias para obtener las aguas con destino exclusivo de Ciudad Real; a construir las obras necesarias para conducir como mínimo 2.000 m^3 diarios de agua desde el valle de los Molinos hasta la fachada de todas las casas de la población en un plazo improrrogable de dos años a contar desde la firma de la escritura de concesión; y a proporcionar suficiente presión para que el agua llegara a cinco metros por encima de las cubiertas de todas las casas. El agua llegaría a la ciudad por gravedad, sin ser necesario elevarla mecánicamente. El concesionario debería, además, presentar un proyecto de todas las obras, obtener los derechos de aprovechamiento de las aguas y realizar los análi-sis químicos y bacteriológicos correspondientes. La captación se realizaría mediante una presa subálvea, la conducción con tube-

Vida Manchega, 20.01.1919. Otorgamiento de concesión a Picavea
(con una X en la solapa)

rías de acero asfaltado cuando el agua tuviera que ir a presión y conductos de hormigón donde no la hubiera, estableciéndose además las ventosas y arquetas necesarias. El depósito regulador, semisubterráneo y cubierto, debía ser de 2.000 m³, de mampostería revestida de cemento y dividido en dos compartimentos iguales de 1.000 m³ que podrían limpiarse alternativamente. Debería, además, dejarse prevista la posibilidad de duplicación del depósito en caso de ser necesario. Para la red de distribución se emplearían tuberías de hierro, y estaría dotada de las ventosas, llaves de paso y desagües necesarios. Se colocarían treinta bocas de riego y se conectarían las fuentes que existían en aquel momento.

Las acometidas serían por cuenta de los abonados, aunque la empresa debía ofrecer la posibilidad de hacerlas y financiarlas a 36 meses, estableciéndose las siguientes tarifas: 90 cts. el m³, los primeros 8 m³ mensuales y los siguientes a 80 cts.; para el uso doméstico, 50 cts. el m³, los primeros 25 m³ mensuales, y a 40 cts. los siguientes para el uso industrial. Estas tarifas no fomentaban precisamente el ahorro, ya que se establecía un consumo mínimo obligatorio según las categorías correspondientes al nivel de renta de las familias, que se recogían en una tabla:

CATEGORÍAS	Pagarán por mes y familia. Pesetas. Cts.		Tanto por 100 del número total de vecinos abonados á cada tarifa.
1	9	75	3 por 100.
2	8	75	6 por 100.
3	6	90	10 por 100.
4	5	90	20 por 100.
5	3	90	29 por 100.
6	2	50	32 por 100.

Tabla de categorías de consumo obligatorio.
El Pueblo Manchego, n.° 2.396, 10.01.1919

De igual manera, los industriales se obligaban a un consumo mínimo de 25 m^3 mensuales. El concesionario podría llegar a acuerdos con centros de consumo como el Hospital, el Hospicio, la Diputación, casinos, cafés, tabernas, hoteles, etc. siempre dentro de las tarifas máximas establecidas. En las fuentes públicas, el concesionario debería dar agua gratis a 100 familias designadas por el Ayuntamiento, y vender el agua a aquellos que tuvieran solicitado el abono mientras se realizaban las obras de la instalación domiciliaria.

El proyecto técnico de abastecimiento, conservado en el archivo de la Confederación Hidrográfica del Guadiana, y de saneamiento, que no hemos localizado, fueron redactados por Julián Soriano[8], ingeniero de caminos y colaborador cercano de Picavea. En mayo de ese año, el inspector de Sanidad, Federico Fernández, informa positivamente de ambos documentos:

> Con la realización de tales proyectos, puede pensarse seriamente en la higienización de la ciudad; se crearía nueva industria y se fomentaría la poca existente, aumentando con ello la riqueza particular y colectiva, y de modo indirecto, la del Ayuntamiento y del Estado.
>
> Esta inspección no tiene que hacer ninguna observación a los proyectos sometidos a su informe; pues en el de aguas pota-

bles se demuestra que son inmejorables; su dotación por habitante y día es superior a lo que dispone la vigente Ley de aguas; se marca perímetro de saneamiento al manantial; las tuberías se colocan a profundidad de un metro y se construye el depósito semisubterráneo; cubierto y con dos compartimentos para su limpieza y desinfección; esto es, están en armonía con los consejos higiénicos y leyes sanitarias. El de alcantarillado tiene desnivel suficiente; se dota bien su baldeo y serán conducidas las aguas de desecho a ocho kilómetros de la población, desaguando en el río Guadiana, de cuyas aguas no se hace uso para ningún abastecimiento[9].

La solicitud de concesión que acompañó el proyecto de Soriano,

(...) solicitaba un caudal de 50 l/s, correspondientes a los 4.320 m^3 diarios para asegurar a Ciudad Real y Miguelturra los 3.600 m^3 que calculaba necesarios, habida cuenta de unas pérdidas de un 20 % en conducción y disolución, con los cuales trataba de asegurar una dotación de 170 litros por habitante y día, a los 20.000 habitantes de población de cálculo en que basaba sus previsiones, ya que la real a la fecha era de 16.000[10].

Aunque los aforos practicados en el valle de los Molinos daban caudales de estiaje de 35 l/s, en total 3.024 m^3 día, se esperaba llegar a los 50 l/s solicitados mediante drenajes y presas subálveas.

Para llevar a cabo el proyecto, Picavea constituyó la Sociedad General de Obras de Saneamiento (SGOS), que se encargaría de las obras. La sociedad anónima se estableció con un capital inicial de 3.000.000 ptas., que se repartía en 6.000 acciones de 500 ptas. cada una.

Las tres cuartas partes de las acciones se suscribieron rápidamente por capitalistas y banqueros, y una cuarta parte, 750.000 ptas., fueron ofrecidas al público[11].

Para dar inicio a las obras con celeridad, el 19 de marzo de 1919 se anunció en el diario *ABC* la apertura del concurso entre contratistas para la ejecución del abastecimiento, firmado por Julián Soriano, con un importe de unos dos millones de pesetas.

El 24 de julio se firmó la escritura notarial de adjudicación a la SGOS de las obras por parte del Ayuntamiento y, aquel mismo

Acción de la Sociedad General de Obras de Saneamiento,
con las firmas de Picavea y Soriano

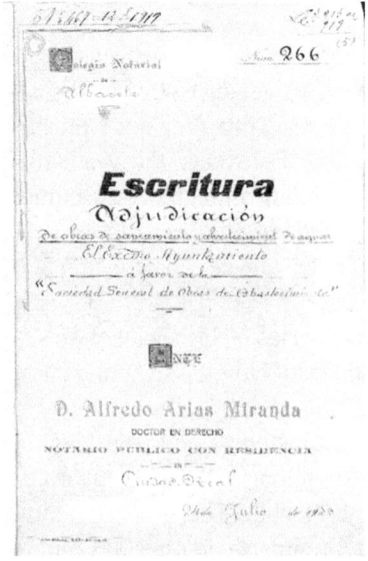

Escritura de adjudicación a SGOS de las obras de saneamiento
y abastecimiento de agua. AHM, caja 820

EL 24 DE JULIO

La jornada del día 24 con la inauguración de las obras de saneamiento y abastecimiento de aguas a Ciudad Real, efectivamente puede marcar una nueva era en la vida de nuestro pueblo.

No es necesario hacer hincapié sobre lo que eso significa. Lo deseábamos, lo anhelábamos todos aunque fuimos incapaces de emprenderlo por nuestra cuenta, imitando otros pueblos voluntariosos y trabajadores, que no saben alimentar esta desconfianza tan *sui géneris* que a nosotros nos domina y esa apatía tan característica que nos envuelve. Claro está, que no hemos hecho nunca por sacudir nuestra modorra y hemos vivido guiados por quienes acaso les fuera conveniente sostener esos calificativos de apáticos y desconfiados que tanto nos distancia a unos de otros.

En las columnas de nuestra revista se ha estampado ese criterio muchas veces. Somos, por desconfiados, incapaces de desenvolver nuestro capital, empleándolo en obras útiles y productivas y beneficiosas para nosotros mismos, dando margen a que empresas extrañas (a las que nosotros ni combatimos, ni censuramos) vengan a demostrarnos nuestra torpeza, nuestra inhabilidad, dándonos una patente de tontos que festejamos, encima, con pólvora y músicas. Nuestro sentir se ha revelado siempre contra eso; nuestras predicaciones, nuestras iniciativas (que sirvieron para atraer a negociantes de fuera) se vieron ahogadas desdeñosamente. Sin embargo algún día se recordarán, sembrando en los ánimos de los detractores una huella de remordimiento.

Hemos seguido paso a paso el desenvolvimiento de este problema de las aguas. Hoy al verlo resuelto nos congratulamos; era una necesidad, una aspiración del pueblo por la que hemos luchado con más consecuencia que nadie. También en los trabajos actuales pondremos nuestra atención no para combatir sistemáticamente pero sí para estar prontos a que no existan deficiencias que de antemano creemos que no surgirán.

—

A las cuatro de la tarde en el despacho del Alcalde se dió lectura y fué firmada la escritura por D. José Cruz alcalde presidente y D. José Víctor concejal síndico, por el Ayuntamiento, el ingeniero Sr. Soriano por la Sociedad general de Abastecimientos, y el notario don A fredo Arias de Miranda.

COLOCACIÓN DE LA PRIMERA PIEDRA

Después en el Ateneo a las seis de la tarde tenía anunciada D. Rafael Picavea, una conferencia sobre el problema del saneamiento y abastecimiento de agua a las capitales y el negocio de la traída de las mismas.

En dicha conferencia fué muy aplaudido el Sr. Picavea que se extendió en las ventajas que proporciona a las poblaciones el saneamiento de las mismas, mucho mayores a las que como la nuestra padece endémicamente el tifus, u otras enfermedades propias de su poca higienización.

En el cercano cerro de «La Atalaya» verificóse el acto de la inauguración de las obras, con colocación de la primera piedra por el Ilmo. Sr. Obispo-Prior revestido de Pontifical, quien con un palustre de plata echó un poco cemento.

—

Por la noche en el Salón de actos del Municipio, celebróse un banquete al que asistieron el Ilmo. Sr. Obispo, autoridades civiles y militares, representantes de la Prensa y personalidades de la población.

A la hora de los brindis, hablaron el alcalde, el marqués de Casa-Treviño, y los Sres. Arredondo, Picavea, Rubio Coloma, Herencia, haciendo un resumen el Prelado, siendo muy aplaudidos.

EL ALCALDE FIRMANDO LA ESCRITURA DE COMPROMISO

Fots. G. Plaza

Firma de la escritura y colocación de la primera piedra.
Vida Manchega, 31.07.1919

día, se colocó, con presencia del obispo, la primera piedra del depósito de La Atalaya.

Por la tarde, Rafael Picavea pronunció en el Ateneo una conferencia sobre el problema del saneamiento y abastecimiento de agua a las capitales y el negocio de la traída de las mismas. En la conferencia, reseñada en el número de 29 de julio de *El Pueblo Manchego*, Picavea dio cuenta de las características de la sociedad que había creado, de la rentabilidad esperada para los accionistas y de las ventajas de la operación para la ciudad:

> El producto, como se ve, lo da gratis la naturaleza. No hace falta elevar el agua, porque tiene su nacimiento nivel bastante para que venga sola hasta las viviendas de la población. Este es un producto que no tiene sustitutivo posible. Su venta se halla asegurada por el monopolio del abastecimiento de Ciudad Real. Ofrece el negocio la ventaja de su alejamiento de los peligros de las huelgas obreras que tanto inquietan al capital. No hay gastos de fabricación, no hay riesgos de vaivenes en el costo de las materias primas ni en los precios de venta[12].

Finalizó la conferencia con un brindis al progreso y al hecho de que Ciudad Real saldría de su atraso equiparándose a las principales ciudades españolas:

> (...) Cuenta Aragó, dice el Dr. Picavea, que un viajero celebre le decía que había podido siempre medir la cultura de los pueblos que visitó por la cantidad de agua que consumían.
>
> Apresurémonos todos con fe ciega, sin suspicacias, siempre molestas para el capital que es cobarde, a que sea un hecho el abastecimiento de las aguas de Ciudad Real, cuyos trabajos se inaugurarán precisamente esta tarde. Apresurémonos si a sanear esta población antes de que algún viajero como el del cuento de Aragó juzgue equivocadamente de la cultura de Ciudad Real, al ver que este siglo, todavía, se lleva a las viviendas de este pueblo, el agua en cántaras de barro de carácter bíblico a la usanza heredada de aquello bravos árabes que nos dominaron.
>
> La numerosa concurrencia del Ateneo coronó con una ovación estruendosa la conferencia del Sr. Picavea, que fue muy favorablemente comentada después[13].

De la importancia de ese día para la ciudad da cuenta el hecho de que el diario *El Pueblo Manchego* titulara a 5 columnas. Ade-

CIUDAD-REAL
Julio
26
SABADO
Año de 1919

AÑo IX—Núm. 2,461
Redacción y Administración
MERCADO NUEVO, 8
Apartado, núm. 18 — Teléfono, núm. 9
Todos los originales
al Director-Gerente
Franqueo Concertado

El Pueblo Manchego

DIARIO DE INFORMACIÓN

El abastecimiento de aguas y alcantarillado para Ciudad-Real

En "La Atalaya„ se inauguran las obras.--El Obispo-Prior, con asistencia de las autoridades, bendice la primera piedra

Portada de *El Pueblo Manchego* del día 26 de julio de 1919

más de recoger los eventos del día, el diario, mucho más favorable al empresario vasco que *Vida Manchega*, editorializó elogiando la actitud del ayuntamiento y la determinación del propio Picavea:

> El acto de ayer marca una nueva etapa en la historia de nuestro pueblo. Próximamente al año de haber llegado a Ciudad Real don Rafael Picavea se han inaugurado las obras de abastecimiento de agua y alcantarillado. El vecindario, que acogió con recelo esta nueva empresa, ve hoy con satisfacción que la obra ha dado comienzo y empieza a concebir la esperanza de una realidad próxima. A nadie cabe extrañar este contraste, si se tienen en cuenta las tentativas que se han realizado; los fracasos que el vecindario ha tenido que sufrir paciente y silencioso; los torpes e ignorantes atrevimientos que presidieron cercanas tentativas; tanto desengaño en fin, como sufrió el vecindario, desde tiempo inmemoriales, hicieron que la sensibilidad colectiva sufriera una grave atrofia, apagando todas las esperanzas y alejando todas las ilusiones. Por eso al ver y contemplar la realidad presente, que dice «esto va de veras», renace en el pueblo el anhelo, con todo el impulso del ansia febril y ciega.
>
> Bien está, ya que los momentos no invitan a otra cosa, que olvidemos todo ese pasado, y contemplando el presente, pongamos en el porvenir todas nuestras miradas.
>
> Basto que el señor Obispo comprendiera la necesidad de Ciudad Real, para que con el desinterés que estas obras requieren, invitara al señor Picavea, «promotor» de empresas y negocios, a una visita por estas tierras, donde el sol abunda mientras el agua

escasea. Y el señor Picavea que vio en ello un gran negocio, se extrañó de la virginidad de estas tierras, que como las de América están por explotar. Y fue mayor su extrañeza al enterarse de la abundancia de dinero que por aquí hay, cosa que le hizo pensar y meditar serenamente. Por cuando comprendió que el capital prefiere el refugio del cupón, al negocio de empresa; y cuando oye el refrán castellano de que nadie en su tierra es profeta, comprendió exactamente, el porqué de estas tierras vírgenes al finalizar la segunda década del siglo XX: Cualquier otro individuo de negocio, tampoco se lo hubiera explicado a primera vista.

El señor Picavea, comprendió la excelencia del negocio y lo ofreció. El Ayuntamiento de Ciudad Real, representado por su Excma. Corporación y por la Comisión asesora, comprendió también que para la capital era otro negocio y lo aceptó. Y el alcalde señor Cruz, que en esto debemos tributarle un buen elogio, ha sido como el brazo ejecutor que no ha cesado un momento en su actuación y en las sus gestiones.

Está claro, que los dos términos, Empresa y población, tiene que ver un gran negocio para contratar, pues de lo contrario ninguno hubiera consentido. Esta es la teoría americana a la que debe Estados Unidos, parte de su grandeza.

Como antes decíamos, ya solo hay que mirar al porvenir. Y el porvenir es de esperanzas y de próximas realidades. Si como es de suponer toda la obra llega a realizarse, Ciudad Real, a la vuelta de pocos años será una gran población moderna. Con las aguas ganará el comercio, el propietario, el industrial, el jornalero; ganarán todos. Y es que el abastecimiento de aguas a las poblaciones reasenta la producción de dos riquezas inmensas; la del negocio estricto y la del plus valía de los americanos[14].

Una vez puesta en marcha la obra, la Sociedad General de Obras de Saneamiento empezó a tener presencia en la ciudad y, para publicitar su empresa, patrocinó una de las carrozas de la feria de agosto de 1919 con una alegoría del agua del valle de los Molinos bajo el elocuente lema «Agua que has de beber».

La construcción de la conducción por gravedad desde la captación en el valle de los Molinos hasta el depósito de La Atalaya fue una tarea compleja condicionada por los accidentes orográficos,

«'Agua que has de beber' presentada por la Sociedad de Abaltecimiento (sic) de Aguas». Carroza del agua de los Molinos en la feria de Agosto.
Vida Manchega, 05.09.1919

sierras y valles, que hubo de salvar. Los 24,5 km que separan en línea recta ambos puntos se alargaron hasta 35,5 km, tal y como se puede comprobar en el plano general del proyecto y en la minuciosa descripción realizada años más tarde por el ingeniero Berriochoa:

> El trazado de la conducción se apoyaba en las laderas de mediodía del cerro de las Águilas y Sierras de la Fuenlengua y Malagón, en unos 14 km, para cruzar luego el sifón del Valle, remontar el cerro de Majadahonda, cruzar el Valle del Becea por la Presa del Pantano de Gasset y llegar al cerro del Perro a los 32 km, y cruzar después en sifón el Valle del Guadiana para enlazar en el cerro de la Atalaya con el depósito y tubería de carga de la red de distribución de Ciudad Real[15].

Habiéndose firmado la escritura de concesión en julio de 1919, y siendo el plazo previsto de dos años, las obras de abaste-

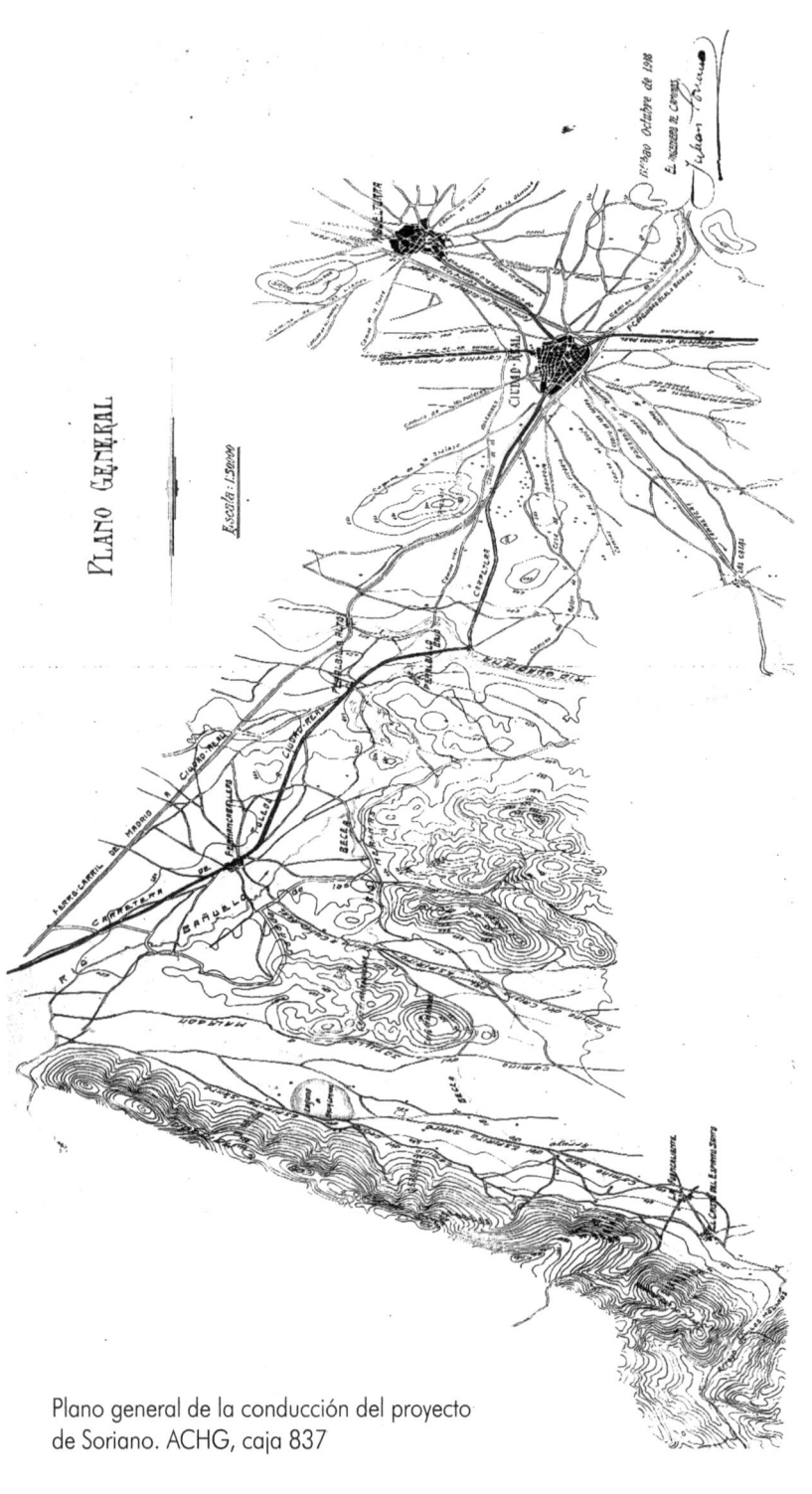

Plano general de la conducción del proyecto
de Soriano. ACHG, caja 837

Estado de las obras del depósito de La Atalaya en febrero de 1920.
Vida Manchega, 10.02.1920

cimiento y saneamiento deberían haber concluido en 1921, pero problemas de diversa índole las retrasaron más allá de aquella fecha. Por una parte, surgieron problemas con la concesión del valle de los Molinos, puesto que ya se había otorgado una concesión para el abastecimiento de Fernán Caballero y la empresa comenzó a construir también el abastecimiento de Malagón con las mismas aguas.

Por otra, y como testimonian documentos como la fotografía del estado de las obras del depósito de La Atalaya en febrero de 1920, las obras avanzaban a un ritmo muy lento.

En noviembre de 1921, cumplidos todos los plazos previstos, Rafael Picavea y Julián Soriano comparecieron ante la comisión del Ayuntamiento para solicitar una prórroga. Argumentaron que pese a tener ya contratadas las tuberías de hierro fundido en Francia, estas no habían llegado debido a las huelgas y la crisis industrial.

Pronto surgieron voces que abogaban contra el otorgamiento de la prórroga y a favor de declaración de caducidad de la concesión y la consiguiente incautación de las obras:

O la terminación de las dos obras de abastecimiento y alcantarillado a plazo fijo y breve, o la caducidad fulminante de la concesión, porque entendemos que con cualquiera de ambas resoluciones podemos llegar, cuanto antes, a dotar al pueblo de Ciudad Real de un abastecimiento en la capacidad que los tiempos demandan[16].

Dos días más tarde, ante la falta de respuesta de la sociedad concesionaria a los requerimientos del ayuntamiento, la misma cabecera insistió sobre la necesidad de contar con garantías suficientes ante la solicitud de la prórroga:

> El pueblo de Ciudad Real, quiere y además, necesita urgentemente, un abastecimiento de aguas y por eso, solo por eso, otorgaría la benevolencia de la prórroga, pero no una prórroga que implique dilaciones sin seguridades, eso no se quiere por el pueblo, ni lo queremos nosotros, ni lo toleraríamos nosotros. Si no existen garantías para esa prórroga mil veces la caducidad[17].

Finalmente, el ayuntamiento otorgó una prórroga de un año y medio para el abastecimiento y de tres años para el alcantarillado. No pocos hombres poderosos de la ciudad eran para entonces accionistas de la compañía y veían peligrar su inversión, y el propio Picavea explicó en la prensa los motivos que habían provocado el retraso en las obras y la llegada del agua:

> ¿Qué es lo que ha pasado, en sustancia? Que los dos años que se nos señalaron para la terminación de obras de tanta importancia, no nos han bastado. Un señor concejal experto en contratas, tuvo la nobleza de reconocer que el plazo le había parecido siempre excesivamente corto. Lo mismo me hubieran dado cuatro años que dos, de haberlos exigido, en principio.
>
> (...) Somos legión, en España los que hemos tenido que recurrir a la demanda de prórrogas parecidas. La postguerra nos ha engañado a todos. Esperábamos que trajera las más estupendas actividades del Trabajo Nacional. Por el contrario, nos obsequió con inopinadas convulsiones de carácter social y económico: huelgas, depresiones de opinión, crisis de transportes...
>
> A nuestra empresa de conducción de aguas le cogió de lleno la agudización de la falta de material ferroviario. Hemos tenido

retrasos enormes, en el transporte de las grandes cantidades de cemento que nos hacían falta.

Hubimos de buscar en el extranjero las tuberías de hierro fundido, después de perder ocho meses con una de las casas españolas que nos dejó incumplido su compromiso. (...)

Pero no fue este de los transportes el mayor de los obstáculos. Como remate a la peregrinación ferrocarrilera, he aquí que un buen día de principios de este año, el Gobierno dicta la famosa ley prohibitiva que implicaba la enorme barrera arancelaria que todos conocen. La tubería de fundición no había tenido tiempo de llegar más que en parte. El resto se hallaba aún en el Extranjero, debido a las dificultades del transporte. La tubería de fundición venía a gravarse con el cuádruplo de los derechos arancelarios normales[18].

Por lo demás, Picavea justificaba el sobrecoste de más de trecientas mil pesetas derivado de la sustitución del tipo de tubería, así como el hecho de no haber acometido el alcantarillado, aduciendo que este debía ser pagado por una emisión de deuda del ayuntamiento que solo sería válida una vez llegaran las aguas, por lo que la prioridad era el abastecimiento. En todo caso, explicaba su acuerdo con el ayuntamiento para ir incorporándolo en las calles en que se iba a mejorar el pavimento, para no volver luego a abrirlas[19].

La prórroga no fue suficiente. En mayo de 1922 el ayuntamiento logra el suelo para el emisario y se lo comunica al ingeniero Soriano[20], pero las obras de saneamiento no empezaron. El 5 de octubre el alcalde se reunió en el depósito de La Atalaya para visitar y valorar las obras con los ingenieros de la sociedad concesionaria[21].

El 20 de noviembre de 1922, Ciudad Real pudo ver cómo Picavea inauguraba el abastecimiento de Malagón con aguas del valle de los Molinos, extremo que se había prohibido en el contrato de 1919. En el acto se anunció la llegada de las aguas a Ciudad Real a finales de marzo de 1923, antes del final de la prórroga, y Picavea explicó los motivos de la reunión de ambos abastecimientos.

Malagón, dijo, debe las aguas a Ciudad Real; y Ciudad Real a Malagón; lo primero, porque al venir la Empresa lo hizo con vistas

Inscripción en el depósito de La Atalaya, dedicado a la reina María Cristina, con fecha de 1920

al mayor rendimiento que representaba la capital; y lo segundo porque el agua que va a ir a Ciudad Real procede del Valle de los Molinos. He tenido la modesta habilidad de juntar intereses[22].

Pese a las promesas, y a que el *Boletín Oficial de la Provincia* de 24 de septiembre de 1923 publicó la concesión a Picavea de 50 litros por segundo de agua del valle de los Molinos para el abastecimiento de la capital[23], el agua no llegó en 1923, lo que acabó con la paciencia del Ayuntamiento. El 6 de febrero de 1924 se acordó suspender el contrato y proceder a la incautación provisional de los manantiales del valle de los Molinos y del depósito de La Atalaya[24].

El ayuntamiento se hizo cargo de las instalaciones y, el 24 de junio del 1924, el alcalde fue autorizado a designar a un ingeniero de caminos para que tasara la propiedad de la SGOS[25] y completara las obras necesarias para poner en marcha una red básica de distribución. El informe, firmado por el ingeniero Lino Álvarez Valdés el 26 de agosto de 1924, permite documentar lo hasta entonces construido y contrastar las obras con el proyecto original de la SGOS[26].

La presa de proyecto en la captación, de más de 10 metros de altura, no se construyó, y en su lugar solo se habían ejecutado «exploraciones superficiales y subálveas hechas en el valle

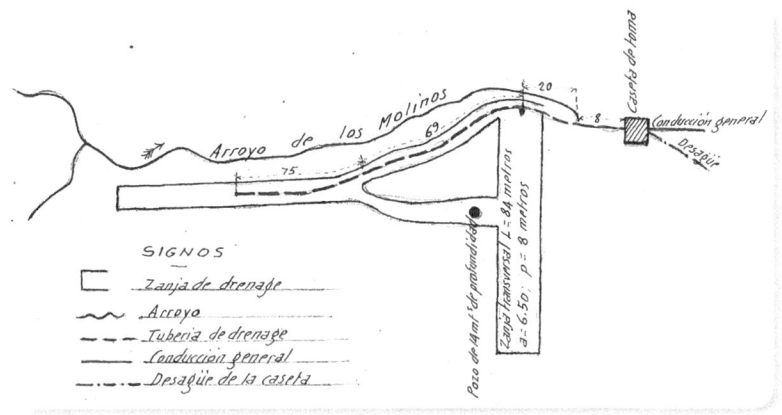

Esquema de la captación realizada por SGOS en el valle de los Molinos, recogido en el informe de Álvarez Valdés

para poder apreciar el caudal total de aguas que se podría aprovechar». Consistían en una zanja de drenaje longitudinal con un tubo de drenaje y una zanja transversal de 84 metros de longitud, con un pozo de 14 metros de profundidad. El agua se recogía en una caseta de toma.

La traída hasta Ciudad Real se había completado simplificando el tramo rodado inicial de tubería de 40 cm de diámetro con la eliminación de tres pequeños sifones para el cruce de barrancos de la Zarza, el Cristo y Valdesancho. De igual modo, los cruces de los ríos Bañuelos y Becea tampoco se habían ejecutado conforme al proyecto, y en lugar de pasar la traída mediante puentes sobre el nivel máximo de las aguas, se pasó enterrando la tubería, lo que exponía al agua conducida por la tubería a posibles pérdidas y contaminaciones.

El Guadiana se había cruzado según el proyecto, apoyando las tuberías de fundición sobre el lado de aguas arriba de los tajamares del puente de Nolaya, si bien de una manera muy precaria, con las tuberías vistas.

El depósito se había construido tal y como se planteaba en los planos, no detectando el Álvarez Valdés más defecto que la mala calidad del hormigón de la solera.

Desde el depósito, la tubería seguía un cordel de ganados en paralelo a la carretera de Toledo hasta la puerta de Toledo, donde

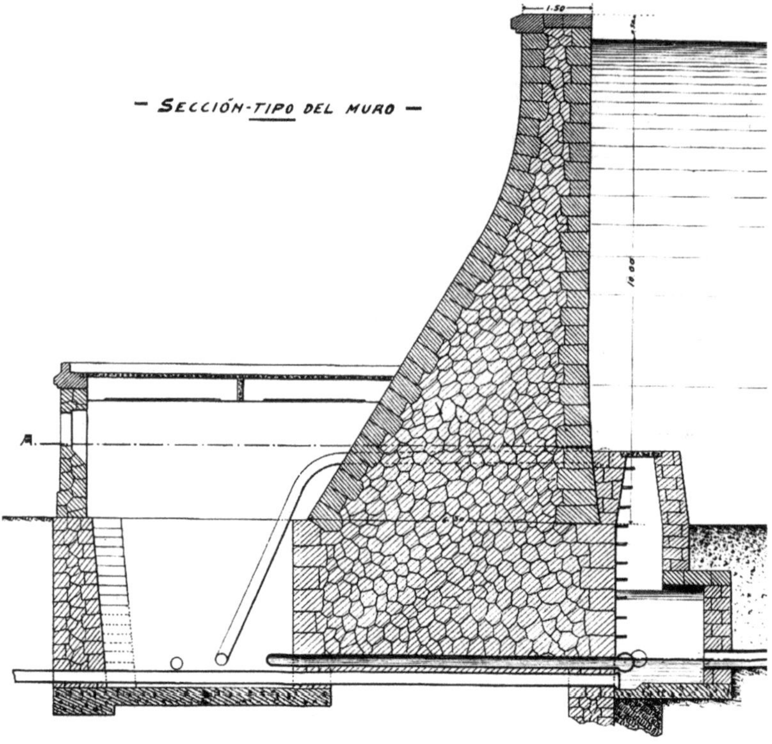

— SECCIÓN-TIPO DEL MURO —

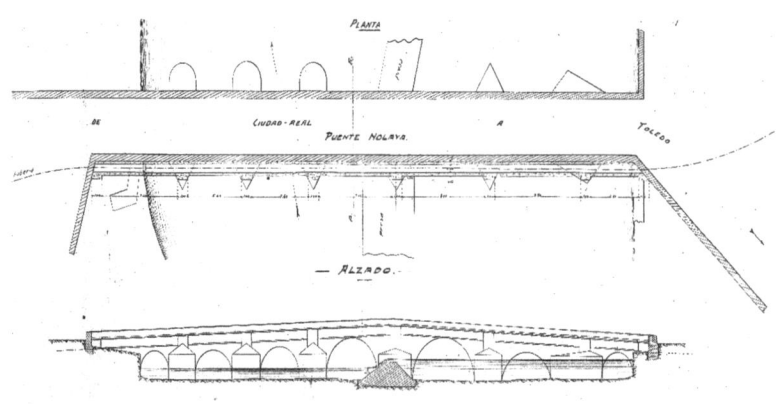

Sección transversal de la presa proyectada y no construida
en el valle de los Molinos. ACHG, caja 837

Paso del Guadiana. Proyecto de Julián Soriano. ACHG, caja 837

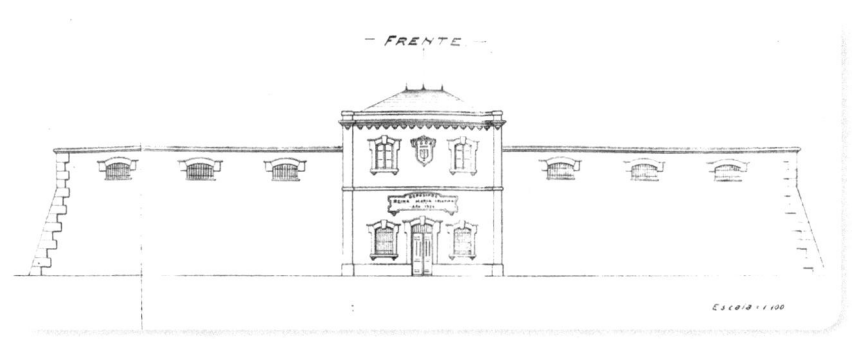

Alzado del depósito según proyecto de Julián Sobrino. ACHG, caja 837

se conectó, de manera provisional, «con la red de distribución que de antiguo tiene establecida el Ayuntamiento de Ciudad Real», que «da el servicio en la actualidad, funcionando el depósito antiguo llamado de Santa María, como depósito de extremidad»[27].

No hemos localizado información sobre la red de distribución a la que alude Álvarez Valdés. Probablemente no alcanzara más allá de las fuentes públicas y algunos edificios singulares como el hospital, asilos, etc. El proyecto de la SGOS sí incluye una red de distribución completa que se componía de tres arterias principales que distribuirían el agua desde la entrada por la puerta de Toledo: una central, por la calle Toledo hasta la estación; una al este, por las calles San José, Refugio y Alcántara; y una al oeste, por la calle Pedrera Baja, que se mallaban mediante tuberías de menor diámetro. Esta red se acometería por el ayuntamiento en los años siguientes.

El valle de los Molinos se mostró pronto insuficiente para llegar a los 50 l/s de caudal que constaban en la concesión, cantidad que solo se alcanzaba en épocas de lluvia:

> La experiencia demostró en el pasado año, que en la época de verano hubo escasez de agua y que en los meses de Julio y Agosto solamente se dispuso de unos 350 metros cúbicos diarios para el abastecimiento de la ciudad (...) cantidad que es sin duda alguna insuficiente para satisfacer las más apremiantes necesidades del

Red de distribución del proyecto de
la SGOS. ACHG, 837

PLANO DE
CIUDAD-REAL.

CON LA RED DE DISTRIBUCIÓN DE AGUAS.

Escala de 1:2000

HOSPITAL

MADRID

Calle de los Infantes

Calle Real

Calle del Carmen

Calle de Pedrera Alta

Plaza de Toros

Calle de Pedrera Baja

Calle de Toledo

Tintoreros

Calle de la Luz

PLAZA DE SAN ANTON

PLAZA DEL CUARTEL

Angel

Calle de San José

Calle de Manzeze

EXPLICACIÓN

		m/m. de diámetro interior.
Id.	200	
Id.	150	
Id.	120	
Id.	100	
Id.	80	
Id.	60	
Id.	50	

Llave de paso

MADRID 1 JULIO DE 1928
El Ingeniero de Caminos

vecindario, mayores en dichos meses según se deduce del informe de intervención[28].

Poco después de la incautación de la concesión, en julio de 1924, el Ayuntamiento tuvo que enviar a todos sus guardias y empleados municipales a rastrear la conducción en busca de fugas, ya fueran fortuitas u ocasionadas por los propietarios de las fincas vecinas, que se apropiaban del agua, y para cubrir los tramos que aún quedaban al descubierto[29].

En la actualidad, en el valle de los Molinos hay una presa que regula el abastecimiento a Malagón y, cuando el nivel de las aguas baja, se puede observar la caseta del pozo totalizador de la antigua captación de Ciudad Real, así como restos de las antiguas tuberías de hormigón en masa de 30 cm de diámetro.

Hasta esta caseta, desde la que arrancaba la conducción, llega una larga tubería de hormigón con sucesivas arquetas de ladrillo macizo intercaladas que tenía la finalidad de ir recogiendo las aguas subálveas.

El abastecimiento comenzó a funcionar en 1924 con dos limitaciones. Por una parte, la escasez de recurso en la captación, sobre todo en los meses de verano, y, por otra, la mala calidad de las obras ejecutadas[30], que obligaría a múltiples reparaciones de depósitos y de la tubería que venía desde el valle de los Molinos.

En 1926 se encargó al ingeniero del Canal de Isabel II, Eugenio Díaz del Castillo, un informe sobre las pérdidas de los depósitos de La Atalaya, que incluyó un interesante reportaje fotográfico del depósito. Como resultado, el arquitecto municipal redactó un proyecto de reparación de los depósitos[31], en el que se estimaban en 100 m^3 diarios las fugas y se planteaba sustituir la solera por otra de 30 cm de hormigón armado con un emparrillado de hierros de 20 mm de diámetro. Además, se proyectó construir una casilla para establecer la guardería de la captación en el valle de los Molinos y dotar de arquetas a la conducción desde el valle hasta La Atalaya, para poder realizar aforos y detectar pérdidas.

El proyecto debió quedar en tal porque, en 1930, se encargó al ingeniero Casimiro Juanes otro proyecto de reparación del depósito, quien incluyó en el proyecto un plano de planta del depósito localizando las grietas más importantes.

Caseta de captación, en la cola del actual embalse del Valle de los Molinos, y restos de tubería de hormigón

Arqueta de la tubería de drenaje y caseta de captación en el valle de los Molinos

Ciudad Real. Depósito de aguas "Reina María Cristina"

Fachada y ángulo izquierdo.

Ángulo Derecho.

Interior del compartimiento izquierdo.

Interior del compartimiento derecho.

27 Mayo/926.

Reportaje fotográfico realizado por el ingeniero del Canal de Isabel II en su informe sobre el depósito de 1926. AHM, caja 8024, 4

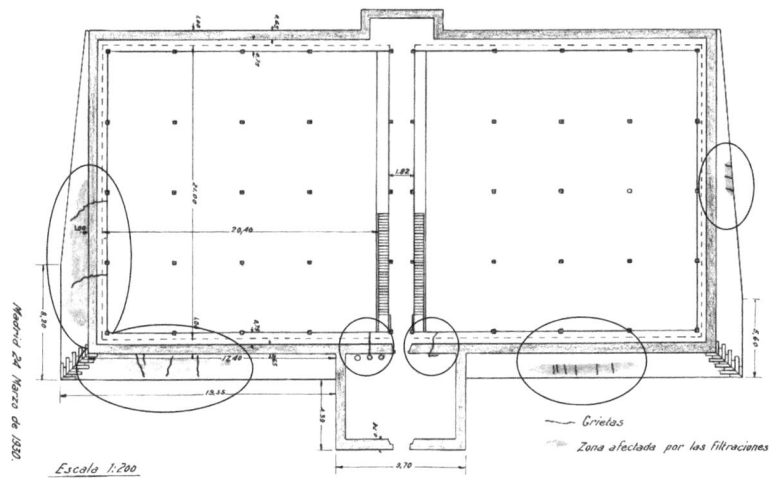

Plano de planta del depósito de La Atalaya, realizado por Casimiro Juanes en 1930, localizando las filtraciones (resaltadas). AHM, caja 8024, 5

También a finales de la década de los años veinte, el ayuntamiento encargó una serie de sondeos geológicos para ver si era posible realizar una presa para almacenar el agua en las épocas de estiaje[32]. Fueron realizados por el ingeniero Rodrigo Catena que, en sus conclusiones, insistió sobre la insuficiencia del abastecimiento del valle de los Molinos.

NOTAS Capítulo 4

1 *El Pueblo Manchego*, n.º 1.735, 26.10.1916.

2 AHM, caja 8019.

3 *Vida Manchega*, n.º 208, 10.06.1918, p. 5.

4 *El Pueblo Manchego*, n.º 2.298, 12.09.1918, p. 1.

5 *Vida Manchega*, n.º 220, 15.12.1918, p. 5.

6 *Vida Manchega*, n.º 220, 15.12.1918, p. 5.

7 *Vida Manchega*, n.º 220, 15.12.1918, p. 6.

8 ACHG, 837.

9 *El Pueblo Manchego*, n.º 2.497, 9.05.1919.

10 Informe de Eustaquio Berriochoa para la creación de una Mancomunidad de 1942, AHM, caja 8022.

11 *El Pueblo Manchego*, 31.07.1919.

12 *El Pueblo Manchego*, n.º 2.563, 29.07.1919.

13 *El Pueblo Manchego*, n.º 2.563, 29.07.1919.

14 *El Pueblo Manchego*, 26.07.1919.

15 Informe de Eustaquio Berriochoa para la creación de una Mancomunidad de 1942, AHM, caja 8022.

16 *El Pueblo Manchego*, n.º 3.259, 24.11.1921, p. 1.

17 *El Pueblo Manchego*, n.º 3.261, 26.11.1921, p. 2.

18 *El Pueblo Manchego*, n.º 3.268, 05.12.1921.

19 *El Pueblo Manchego*, n.º 3.271, 09.12.1921.

20 *El Pueblo Manchego*, n.º 3.400, 12.05.1922.

21 *El Pueblo Manchego*, n.º 3.520, 05.10.1922.

22 *El Pueblo Manchego*, n.º 3.559, 21.10.1922, p. 1.

23 *BOP*, 24.09.1923, pp. 3-4.

24 Pillet, op. cit., p. 329.

25 *BOP*, 10.10.1924.

26 Reconocimiento de las obras realizadas con anterioridad a la fecha de la concesión en el abastecimiento de aguas a Ciudad Real y Miguelturra por la Sociedad General de obras de Saneamiento. Lino Álvarez Valdés, 1924. ACHG, 833.

27 Reconocimiento de las obras realizadas con anterioridad a la fecha de la concesión en el abastecimiento de aguas a Ciudad Real y Miguelturra por la Sociedad General de obras de Saneamiento. Lino Álvarez Valdés, 1924. ACHG, 833.

28 Informe del secretario del Ayuntamiento, José Arias, para la ejecución por subasta por la urgencia de las obras de mejora de la captación. AHM, caja 8021.

29 *El Pueblo Manchego*, n.º 3.990, 15.07.1924.

30 En el AHM se conservan diversos expedientes de obras de mejora y reparación en la captación, depósitos y red de distribución entre 1924 y 1930. AHM, caja 8024.

31 «Obras de mejora y entretenimiento del valle de los Molinos». Arquitecto Municipal, José Arias. 1926. AHM, caja 8024.

32 Sondeos en el valle de los Molinos, 1929-1930. Ingeniero, Rodrigo. AHM, caja 8021.

Sifón de los Castillejos, confluencia del bombeo del Gasset con la conducción desde el valle de los Molinos

5 | La situación se hace insostenible:
el bombeo del Gasset

Tras años de pleitos[1], en abril de 1929 el Estado declaró definitivamente caducado el contrato con la sociedad creada por Picavea[2], lo que permitió que en la década los treinta el Ayuntamiento gestionara directamente el abastecimiento de la ciudad. Poco a poco, la red de distribución se fue extendiendo de modo que, con mucho retraso respecto a otras poblaciones, disponer de un grifo de agua corriente empezó a ser un hecho cotidiano en la ciudad, si bien la mayoría de la población siguió abasteciéndose mediante cántaros en las fuentes públicas.

Sin embargo, el ayuntamiento no tenía la concesión de las aguas del valle de los Molinos, que había quedado en suspenso al haber sido adjudicada a favor de la SGOS. En el archivo de la Confederación Hidrográfica se conserva un grueso expediente que da cuenta de las diversas idas y venidas de la concesión del valle de los Molinos en las que el Ayuntamiento pretendía recuperarla en las mismas condiciones en que se otorgó a la empresa de Picavea. En síntesis, el ayuntamiento se incautó de las instalaciones pero no de las obligaciones que tenía con la División Hidráulica el concesionario[3], por lo que esta, ya convertida en Confederación Hidrográfica del Guadiana, llegó incluso a decretar, en 1935, la incautación de las obras para proceder a su posterior subasta. La Guerra Civil frenó este proceso, de modo que la situación de provisionalidad e indefinición se prolongó en el tiempo.

Como se ha expuesto, la conducción desde el valle de los Molinos era bastante precaria y adolecía de un mantenimiento insuficiente, lo que unido al crecimiento poblacional de la ciudad pondría pronto de manifiesto la insuficiencia del caudal que esta fuente era capaz de aportar. Ello se hacía más patente en los meses de verano, puesto que la presa, necesaria para regular el caudal, no se había ejecutado. Tras el informe de Rodrigo Catena, y desde finales de los años veinte, las autoridades procuraron encontrar fuentes alternativas que pudieran completar los caudales necesarios. Así, el Ayuntamiento solicitó la utilización del agua procedente del valle de Piedralá, según proyecto de 1928 de Francisco Carreras, mediante una instalación mancomunada de varios municipios circundantes de la capital[4]. Aunque la concesión fue otorgada el 3 de diciembre de 1930, se declaró caducada poco después. El proyecto incluía un embalse en el valle de Piedralá que haría posible llegar a 60 l/s y que nunca llegó a realizarse[5].

Poco después, en 1931, se solicitó la utilización del agua del valle de los Picones, cercano al valle de los Molinos, a partir del proyecto de Juan Manuel Delgado. El agua se recogería de diversos arroyos para conseguir unos 186 l/s en total, pero este abastecimiento fue descartado tras la realización del estudio geológico de dicho valle por el ingeniero Manuel Antón[6], y por el trabajo de confrontación realizado por Manuel Suárez para la División Hidráulica. Según las estimaciones efectuadas inicialmente se alcanzarían solo 22 l/s, lo que haría necesario construir un embalse en los Picones para asegurar el caudal necesario en toda época[7].

La cambiante situación política derivada de la proclamación de la Segunda República hizo que el problema del agua pasase a un segundo término. En el verano de 1932, siendo alcalde el socialista José Maestro, una fuerte sequía redujo considerablemente los caudales que llegaban a la ciudad, de modo que las restricciones en el abastecimiento se generalizaron.

Prueba elocuente de la precaria situación alcanzada en el verano de 1932 es la noticia publicada por el diario *ABC* en su número del 5 de julio, en la que se describía el problema de desabastecimiento por rotura de las cañerías y se planteaba la posibilidad de abastecer la ciudad desde el embalse de Navarredonda, hoy Gasset.

A los pocos días, el 11 de julio, el alcalde José Maestro elevó una proposición que describe lo complejo de la situación y anunciaba definitivamente la decisión de abastecer a Ciudad Real,

El abastecimiento de aguas de Ciudad Real queda interrumpido por la rotura de unas cañerías

Ciudad Real 14, 8 noche. Por la rotura de las cañerías de conducción de aguas potables, ha quedado desabastecida esta capital. Numerosos obreros y guardias municipales distribuyeron agua por la población de un tren del servicio de aguadas de la estación férrea con tanques del Ayuntamiento y de la Jefatura de Obras públicas. El alcalde ha declarado que se restringirá el consumo, y recomienda al vecindario prudencia en el gasto de agua.

Hoy publica una nota la Prensa local, según la cual el alcalde, ante la imposibilidad del abastecimiento con agua procedente del Valle de los Molinos, de donde se nutre la capital, cree preciso recurrir al antiguo abastecimiento de los pozos, y recomienda que se hierva.

El Ayuntamiento se ha reunido y ha adoptado interesantes acuerdos relacionados con el asunto. Se teme la paralización de algunas industrias.

Se espera el dictamen de los técnicos sobre la conveniencia de traer agua del pantano de Gasset o de otros manantiales debidamente canalizados. Entre el vecindario reina gran disgusto por la falta de garantías de un consumo regular en cantidad y calidad de agua, si bien reconoce que el actual Ayuntamiento no es culpable de tal estado de cosas.

El gobernador ha dado cuenta al ministro de la Gobernación del problema que plantea a esta capital la carencia de agua potable.

ABC, 05.07.1932

en mancomunidad con Fernán Caballero y Miguelturra, con las aguas del embalse de Gasset:

Transcurridos los pasados días llenos de angustias y sombras, aunque aparentemente esta Alcaldía tratase de desvanecerlas para evitar a toda costa la nerviosidad que empezaba a sentir el vecindario, creo una obligación el acometer de lleno una de las soluciones propuestas en su informe por el ingeniero D. Casimiro Juanes, ya que de no hacerlo además de una responsabilidad moral que este Ayuntamiento contrae con Ciudad Real, legaríamos a aquellos que nos sucedieren este mismo problema, agudizado por el trascurrir del tiempo y envenado por la serie de pasiones que desde fuera del Ayuntamiento tratasen de coaccionar la libre exposición de la opinión de los Srs. Concejales. (...)

Por lo que someto a la consideración de la Corporación la propuesta siguiente:

1.º Que por el técnico que se designa se haga el proyecto y presupuesto correspondiente para abastecer a Ciudad con el agua del Pantano de Gasset, completando el actual abastecimiento.

2.º Invitar a los pueblos de Miguelturra y Fernáncaballero para formar mancomunidad que hiciese beneficiarios de este abastecimiento.

3.º Solicitar en su día al Señor Ministro de Obras Públicas la concesión de la cantidad de agua necesaria para estos abastecimientos[8].

Colas en las fuentes del Pilar, arriba, y de la calle ¿Morería?, abajo.
Obsérvese cómo las casillas de los fuenteros seguían en uso.
Ahora, 15.09.1932

Nos podemos hacer una idea de lo angustioso de la situación gracias a las impactantes fotografías de las colas que los vecinos formaban para abastecerse en las fuentes públicas publicada por el diario *Ahora* en septiembre de 1932.

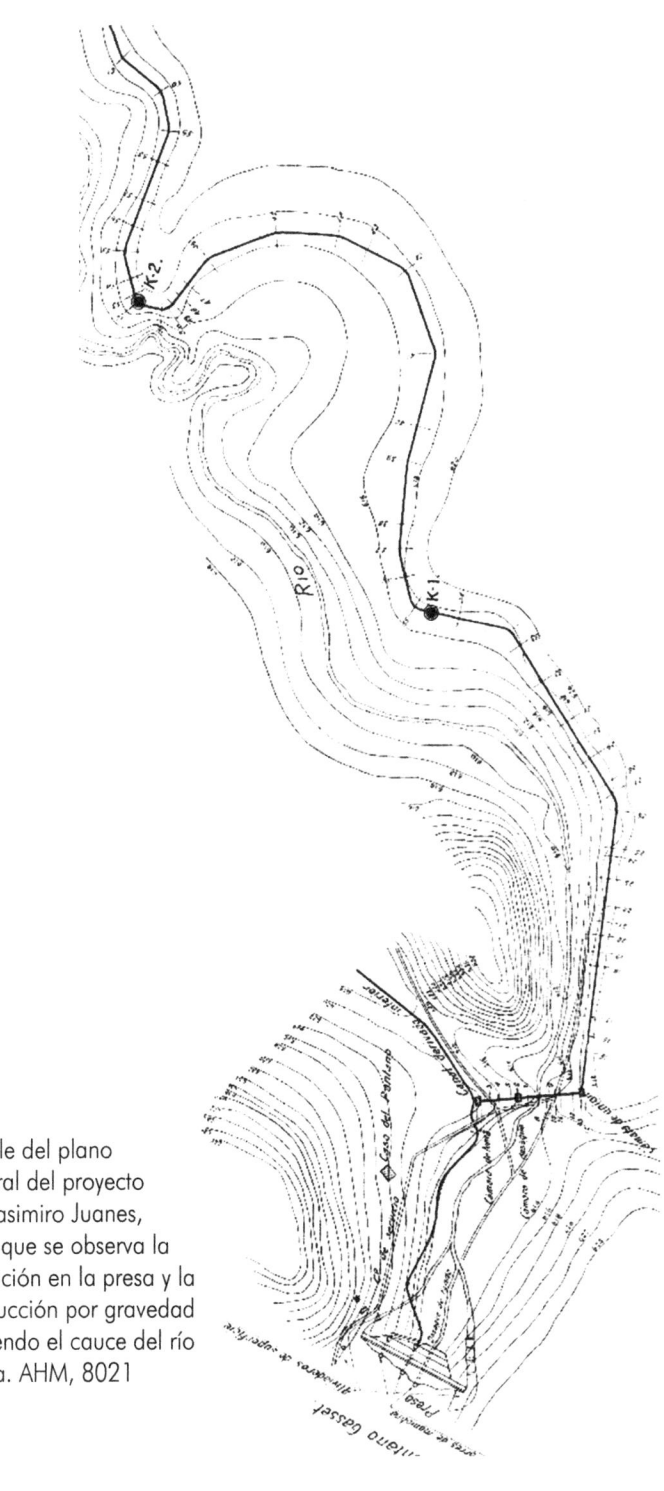

Detalle del plano
general del proyecto
de Casimiro Juanes,
en el que se observa la
captación en la presa y la
conducción por gravedad
siguiendo el cauce del río
Becea. AHM, 8021

Imagen de la inauguración del pantano de Navarredonda en 1911,
engalanado para la visita del ministro Rafael Gasset. ACHG

En 1932, el ingeniero Casimiro Juanes redactó un «proyecto de conducción de agua para el abastecimiento de Ciudad Real»[9] en el que comparaba diferentes opciones de suministro: el valle de los Molinos, el Guadiana, el Bullaque en la tabla de la Yedra y el embalse de Navarredonda que resultaba, a su entender, la más favorable, planteando el proyecto una captación en la presa y una conducción por gravedad siguiendo el cauce del río Becea y el Bañuelos hasta cruzar el Guadiana, en cuyo margen se ubicaría la central de elevación necesaria para subir el agua hasta los depósitos de La Atalaya.

El embalse de Navarredonda[10], que era el más antiguo de la provincia de Ciudad Real, había sido construido en 1909 gracias al impulso del ministro de Fomento y diputado por la provincia, Rafael Gasset, heredero de los planteamientos regeneracionistas que, en materia de política hidráulica, había impulsado Joaquín Costa. Estaba ubicado en la cerrada del río Becea en Navarredonda, término municipal de Fernán Caballero, y había sido proyectado por el ingeniero de caminos Bernardo de Granda. Constaba de una presa de tierra y, para aumentar la cantidad de agua embalsada, un canal de derivación del río Bañuelos de 8,6 km de longitud. Fue inaugurado con motivo de la visita de Gasset a Ciudad Real en 1911 y su construcción se acompañó de una red de canales y acequias capaz de poner en regadío 2.700 hectáreas.

El empleo del embalse de Navarredonda como alternativa para suministrar agua a Ciudad Real se había contemplado ya con anterioridad, pero había sido desechado por el hecho de tener una concesión de regadío, por la necesidad de establecer un costoso bombeo para subir el agua hasta La Atalaya, y por la peor calidad de las aguas en relación con otros manantiales de mayor cota y pureza. Sin embargo, la mejora de los equipos de bombeo, con la aparición de máquinas eléctricas frente a las vetustas de vapor, así como de los sistemas de depuración, lograron que estos inconvenientes fueran superables y, el hecho de disponer de agua en cantidades más que suficientes para las necesidades del momento, determinó finalmente que Ciudad Real se abasteciera de este embalse.

La población se mostraba reticente a abastecerse de aguas embalsadas, prefiriendo, por su pureza, los manantiales, y quizá ello propició que, en julio de 1933, en el teatro Cervantes de la capital, el doctor Manzaneque, jefe de la sección de Aguas del Instituto Nacional de Higiene, y Casimiro Juanes, ingeniero autor del proyecto, disertaran sobre «la técnica especial para depurar aguas pantanosas». Aunque se anunció que el abastecimiento de aguas del pantano se iniciaría aquella misma semana[11], en aquel momento no se había construido nada para hacerlo posible, lo que hace pensar en que lo que se estaba haciendo eran pruebas de calidad de las aguas[12].

Aunque el proyecto de Casimiro Juanes planteaba una nueva conducción independiente de la del valle de los Molinos, la urgencia de la situación en 1933 y la limitación de recursos hizo que el proyecto definitivo del bombeo desde el embalse de Gasset[13], redactado por el ingeniero Casimiro Coello[14], y que sirvió de base para la solicitud de una concesión de 4.000 m^3, reutilizara la conducción existente estableciendo el bombeo junto a la presa para elevar el agua hasta el final del sifón de los Castillejos, situado a unos cientos de metros de la presa. En la solicitud de concesión y declaración de utilidad pública de las obras se describen los aspectos principales de este proyecto:

Las de toma estarán constituidas por un pozo de 1,50 metros de diámetro que está en comunicación con el pantano por medio de una tubería de 40 centímetros de diámetro y 11 metros de longitud, cuyo eje está situado a 5,52 metros por debajo del aliviadero de superficie del embalse, pozo que está dentro de la casa de máquinas emplazada en la margen del mismo.

De este pozo se toman las aguas por medio de una tubería de Uralita de 200 mm de diámetro, elevándose con un motor de 16 H.P. hasta los depósitos de coagulación y de filtración situados a 5,84 metros más altos que la planta de la casa de máquinas.

El agua después de pasar por estos filtros va a un depósito de agua filtrada de 90 metros cúbicos de capacidad de donde, por medio de dos grupos moto bombas de 95 H.P. de potencia y una tubería de Uralita de 200 mm de diámetro se eleva 75,28 metros hasta la cabeza de sifón de donde arranca la conducción propiamente dicha.

La longitud de esta tubería de impulsión es de 346 metros, termina en una arqueta de quiebra de presión desde la cual comien-

Trazado de la tubería de impulsión desde la presa de Gasset hasta el sifón de los Castillejos donde se conectaría a la tubería procedente del valle de los Molinos. Ingeniero Casimiro Coello, 1933

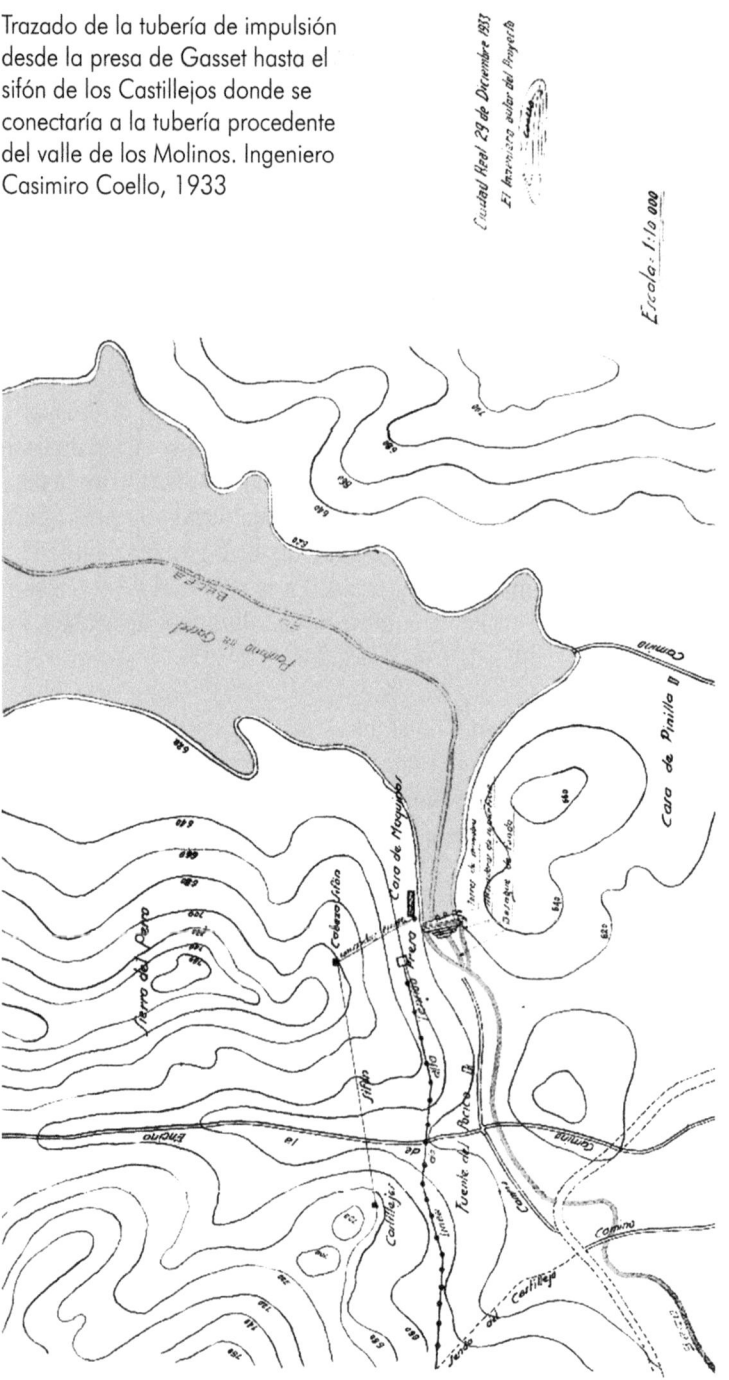

Tubería de la impulsión desde el embalse de Gasset.
El Pueblo Manchego, 06.07.1933, p. 1

Estación depuradora en construcción.
El Pueblo Manchego, 06.07.1933, p. 4

za un sifón cuyo final empalma con la tubería que viene del Valle de los Molinos, la longitud de este sifón es de 956,59 metros con un desnivel entre sus extremos de 7,20 metros, presión máxima de 71 metros, diámetro interior de la tubería de 250 mm.

El presupuesto de ejecución material de estas obras asciende a 208.569,88...[15].

Inicio del sifón del Guadiana. El cerro al fondo a la izquierda de la caseta es La Atalaya. En primer término, el tramo rodado en hormigón original de SGOS. A la salida, la tubería es de fibrocemento, correspondiente con la modernización de Coello

Junto a la presa se construyó con celeridad un edificio para las bombas y la vivienda del vigilante, que acogía además el sistema de tratamiento de agua por cloramina (mezcla de cloro y amoniaco) para asegurar la potabilidad del agua. Este edificio, hoy demolido, se puede apreciar en construcción en las fotografías publicadas por *El Pueblo Manchego*.

La solución finalmente resultante del proyecto de Coello[16], y que funcionaría durante casi tres décadas, seguía básicamente la traída de la SGOS, manteniendo los tramos rodados de tubería de hormigón y modernizando los sifones mediante tuberías de fibrocemento (Uralita). Así puede observarse todavía hoy en la caseta del inicio del mayor de los sifones, que cruzaba el valle del Guadiana para llegar a los depósitos de La Atalaya, de 8 km de longitud.

Para el paso del río Guadiana se proyectó inicialmente una tubería apoyada en pequeños bloques de ladrillo pero, en abril de 1934, se redactó una modificación para descansar la tubería en

Puente de Nolaya, en la cola del embalse del Vicario
con las tuberías apoyadas en sus tajamares

las pilas del puente del Molino de Nolaya, como ya hacía la conducción procedente del valle de los Molinos. Servía entonces el puente a la carretera de Ciudad Real a Toledo que, tras la Guerra Civil, pasó a denominarse carretera nacional 401.

Restos de arqueta en la orilla norte del embalse del Vicario. Al fondo, el actual abastecimiento de Ciudad Real cruzando sobre el Vicario

El puente de Nolaya quedó anegado por el embalse del Vicario, pero reaparece cuando su nivel desciende. Más de 75 años después, todavía siguen ahí las tuberías de hierro correspondientes al cruce inicial de la traída de SGOS y a la mejora de Coello, adosadas a los tajamares de esta histórica infraestructura.

De igual manera, en la orilla opuesta quedan restos de lo que probablemente fue el final del precario sifón que cruzaba el cauce del Bañuelos, en la obra de mejora de la conducción subastada en mayo de 1934[17].

Complementariamente a la nueva traída, en ese mismo mes, se subastaron las obras de reparación de los depósitos de La Atalaya conforme al proyecto también redactado por Casimiro Coello[18], por importe de 72.932,34 pts.

En julio de 1934 se produjo una avería en la conducción de agua que llevó a la ciudad a una situación crítica, que desembocó en el enfrentamiento físico del señor alcalde, el socialista José Maestro, al director del diario católico *El Pueblo Manchego*, Manuel Noblejas.

El alcalde de Ciudad Real agredió ayer al director de un periódico

CIUDAD REAL. 9.—Con motivo de la campaña iniciada por "El Pueblo Manchego" sobre si existió o no plante en la prisión provincial a causa de la escasez de agua, anoche, a las diez y media, discutieron el alcalde, don José Maestro, socialista, que iba con su esposa, y el director del periódico, don Manuel Noblejas. El alcalde dió a éste dos bofetadas, y Noblejas sacó una pistola, que no llegó a disparar porque se interpuso la esposa del alcalde para evitarlo. Ambos contendientes fueron conducidos a la Comisaría, de donde pasaron a sus domicilios. Varios grupos se estacionaron frente a la casa del alcalde, teniendo que ser disueltos por los guardias de Asalto.

Noticia del diario *Ahora* del 10 de julio de 1934, p. 8

La situación se hizo insostenible al coincidir el desabastecimiento con una fuerte ola de calor, siendo necesario distribuir el agua, mediante cisternas, a las fuentes la ciudad, en las que se formaban infructuosas colas, y limitar a solo dos horas de agua en las casas particulares.

EN CIUDAD REAL ES ABSO-LUTA LA CARENCIA DE AGUA

CIUDAD REAL, 14.—También hoy faltó agua a la población. Frente a las fuentes públicas se formaron largas colas de mujeres, que después de infructuosa espera hubieron de retirarse.

El tanque municipal y el de Obras Públicas cargaron líquido en los manantiales de las inmediaciones de la capital, atendiendo a las necesidades perentorias de los establecimientos benéficos.

De no remediarse la actual situación el conflicto adquiriría graves caracteres. En las casas particulares sólo hubo agua durante dos horas

Noticia del diario *Ahora* del 15 de julio de 1934

Ciudad Real sufre cincuenta v tres grados al sol v cuarenta a la sombra, v no tiene agua

CIUDAD REAL, 19.—Continúa aumentando la ola de calor que se deja sentir desde hace varios días. La estación meteorológica local ha registrado la temperatura de 53 grados al sol y 40 a la sombra. Las calles están desiertas, y la población carece hoy de agua; ya pasa de una semana la carestía, y alrededor de las bocas de riego se forman "colas" para proveerse de ella, pues no la hay en las fuentes. El abastecimiento sigue haciéndose con tanques.

El vecindario censura la imprevisión de las autoridades municipales, que no se preocupan de resolver definitivamente el conflicto, que ha adquirido caracteres endémicos.

Noticia del diario *Ahora* del 20 de julio de 1934, p. 8

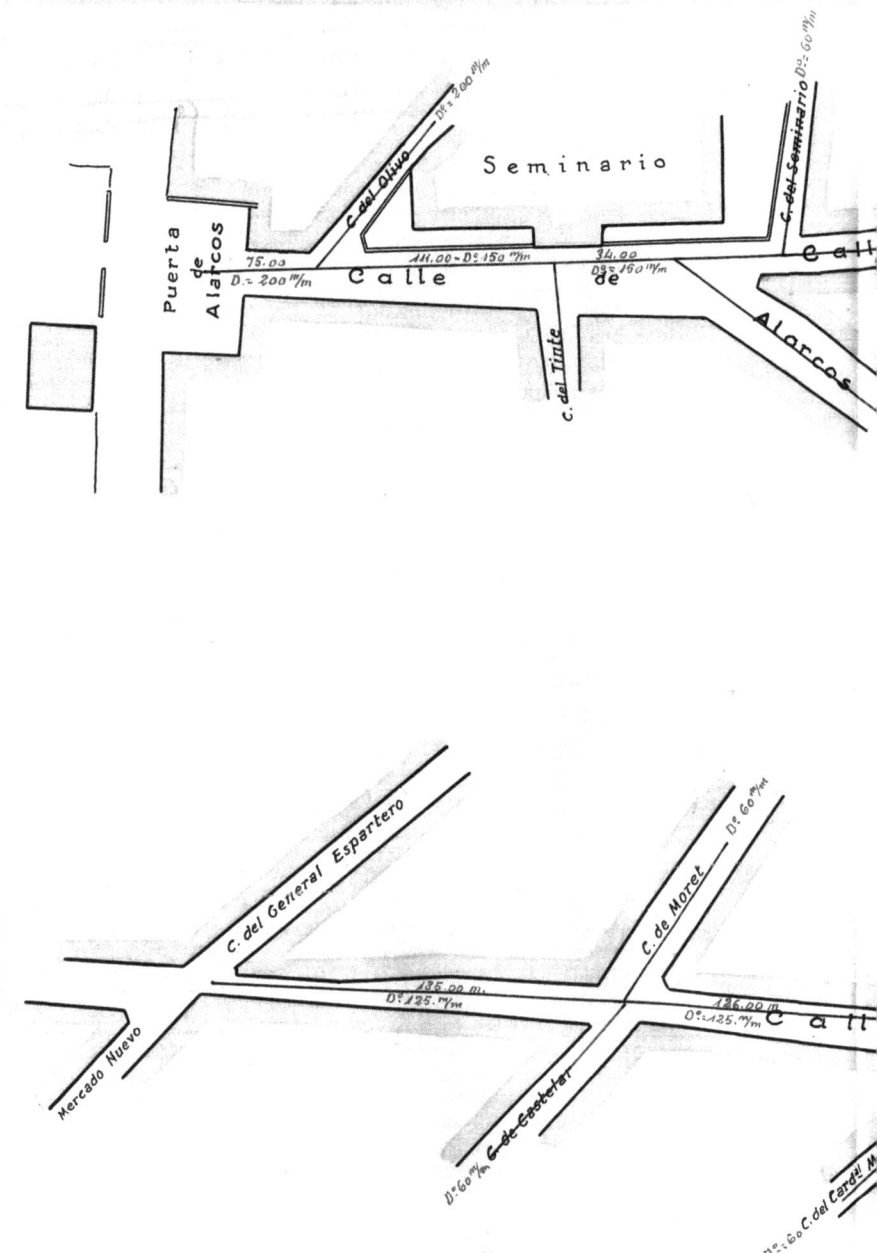

Detalle del plano de la red propuesta en las calles de García Hernández (actual calle Alarcos) y Calatrava. Proyecto parcial de distribución de aguas para Ciudad Real correspondiente a las calles Capitán Galán, Gar-

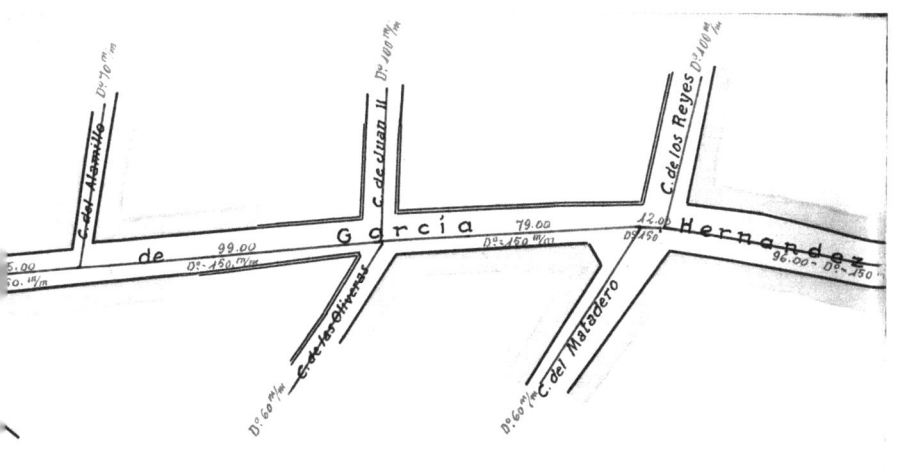

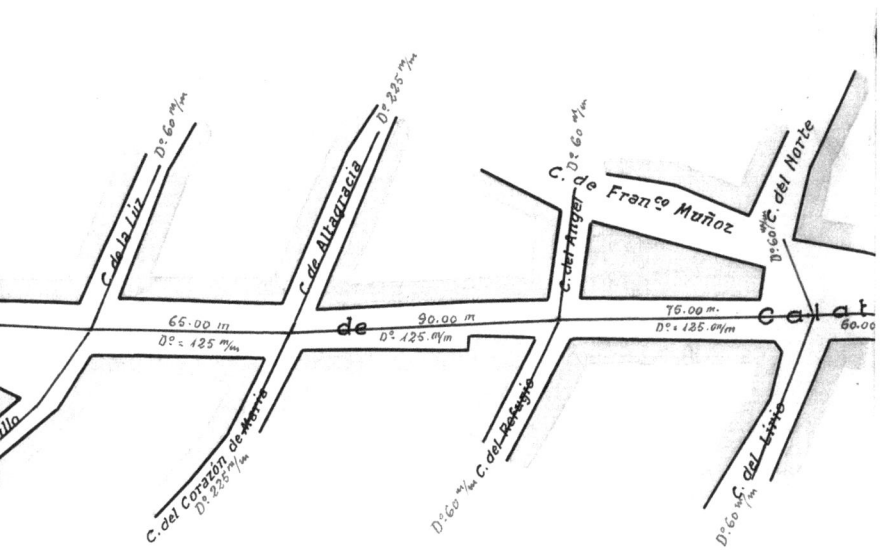

cía Hernández, Alarcos, plaza de Cervantes, Ramón y Cajal y Calatrava.
Ingeniero Juan Manuel Delgado Sánchez-Guerrero. 27.06.1934. AHM,
caja 8021

Durante los años de la Segunda República se realizaron también obras para la extensión y mejora de la red de distribución. Por un lado, era necesario sustituir las viejas tuberías que distribuían desde el depósito de Santa María, incapaces de soportar las nuevas presiones, y, por otro, era necesario extender la red a las calles donde todavía no llegaba el suministro.

Aunque no hemos localizado los planos generales de distribución de la ciudad, la memoria de uno de los proyectos parciales que se conservan, describe que se había decidido organizar...

(...) la red de distribución en dos grandes polígonos principales limitados el primero por la Ronda por puerta de Santa María hasta la Puerta de Alarcos, Alarcos hasta Seminario, García Hernández, Galán y Toledo los números impares. El segundo anillo vendría por la Ronda por puerta de la Mata, puerta de Ciruela, Alfonso X el Sabio, Plaza de Cervantes acera Banco de España, General Aguilera, Plaza de la Constitución, Pablo Iglesias, y Toledo, acera de los pares. En el eje aproximado de cada polígono se proyecta una tubería principal alimentadora de cada uno; quedando por tanto las calles transversales alimentadas por este alimentador principal y por el del contorno; estando unidas todas las tuberías que se cortan formando así una red de mallas más o menos importantes[19].

Para el cálculo de esta red se consideró una demanda de 250 litros por habitante y día, además de un consumo de dos litros por segundo en las bocas de riego a establecer en todas las calles, resultando un diámetro mínimo de la red de 60 mm.

En abril de 1934 se solicitó una nueva concesión, ya que la anterior, que era provisional, había caducado. Según cuenta Pillet, la relación entre el Ayuntamiento y la División Hidráulica fue complicada, puesto que el Ayuntamiento había abusado de la provisionalidad al no pagar nada del canon impuesto. Finalmente, en agosto de 1935:

la Delegación del Guadiana terminaría concediendo el suministro de 2.000 m³ diarios, a condición del abono de las cuotas, control higiénico y pago de la deuda que asciende a 31.000 pts., a razón de 2 céntimos el m³. Pero al no llegar a un acuerdo en la forma de calcular el consumo, la situación se fue alargando, decidiendo la Delegación de servicios Hidráulicos del Guadiana, el no conceder el permiso de utilización de las aguas del Pantano de Gasset al ayuntamiento del «bienio negro»[20].

NOTAS Capítulo 5

1 En el folleto firmado por El aldeano Pinarillo (1929) *Las aguas potables y el alcantarillado de Ciudad Real*. Ed. *Vida Manchega*, se recogen todos los argumentos de la defensa del ayuntamiento en los pleitos contra SGOS.

2 Pillet, op. cit. p. 329.

3 Por ejemplo, en escrito de 2 de diciembre del 1931, la División reclama al ayuntamiento 15.588,75 ptas.

4 Fernán Caballero, Carrión, Torralba, Almagro, Bolaños y Miguelturra.

5 Aunque no hemos localizado este proyecto, lo conocemos por la descripción del ingeniero Berriochoa. Informe de Eustaquio Berriochoa para la creación de una Mancomunidad 1942, AHM, caja 8022.

6 AHM, caja 8021.

7 Informe de Eustaquio Berriochoa para la creación de una Mancomunidad 1942, AHM, caja 8022.

8 AHM, caja 8022.

9 AHM, caja 8021.

10 La evolución histórica del embalse de Gasset ha sido minuciosamente recogida en VELASCO FRIGINAL, Francisco (2016) *Conóceme. La historia de un embalse en Fernán Caballero*, Ed. Círculo Rojo.

11 *ABC*, 09.07.1933, p. 48.

12 Diario *Ahora*, de 16 de julio de 1933, p. 41.

13 Decreto disponiendo que el pantano de Barasona, en la provincia de Huesca, se denomine en lo sucesivo «Pantano Joaquín Costa», y el pantano de Navarredonda, en la provincia de Ciu-

dad Real, se denomine «Pantano Gasset». *La Gaceta de Madrid*, n.º 231, 18.08.1932, pp. 1.285 a 1.286.

14 AHM, caja 8021.

15 *BOP*, 02.02.1934, p. 2.

16 «El nuevo abastecimiento ha de constar pues de toma de agua, filtración, clorinación, impulsión, y conducción hasta el lugar del depósito de La Atalaya y tubería alimentadora de la distribución de la población». Memoria del «Proyecto de abastecimiento de aguas con las procedentes del Gasset». Ing. Coello. 01.06.1934. AHM, 8022.

17 *BOP*, 16.05.1934, p. 3.

18 *BOP*, 25.05.1934, p. 1.

19 Memoria del «Proyecto parcial de distribución de aguas para Ciudad Real correspondiente a las calles capitán Galán, García Hernández, Alarcos, Plaza de Cervantes, Ramón y Caja y Calatrava. Ing. Juan Manuel Delgado Sánchez Guerrero. 27 de junio de 1934». AHM, caja 8021.

20 Pillet, op. cit, pp. 331-332.

Tramo final del emisario de Ciudad Real, que conducía las aguas
residuales hacia el Guadiana, cerca de las Casas

6 | Años 30:
por fin, el (provisonal) alcantarillado

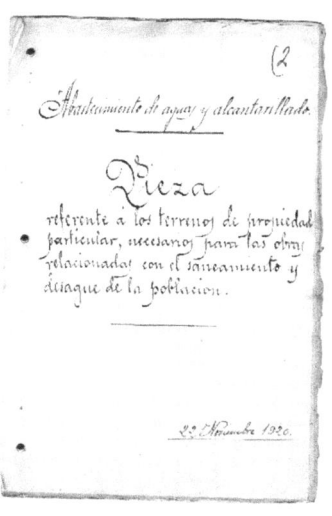

Como se ha señalado, en los primeros años veinte, la prioridad de la SGOS fue la construcción de la red de abastecimiento, mientras que el saneamiento era un problema eludible hasta que el agua llegara a las casas. Aunque en 1922 el Ayuntamiento puso a disposición de la sociedad los terrenos necesarios para el emisario, y el alcalde envió un oficio al ingeniero Soriano para que este informase de la evolución de las obras[1], la SGOS no ejecutó nada del alcantarillado.

Expediente de la adquisición de terrenos para el nuevo emisario. 1920. AHM, caja alcantarillado

La cava y la mina de desagüe, construidas hacía siglos, seguían funcionando no sin dificultades recurrentes debido al precario de mantenimiento, lo que hacía que la ciudad padeciera dos problemas endémicos: por una parte, los sanitarios, derivados de la deficiente evacuación de aguas fecales y la existencia de aguas estancadas y, por otra, las frecuentes inundaciones causadas por las tormentas, ya que la capacidad del desagüe era muy reducida. La cava tenía además problemas de olores y salubridad, puesto que discurría a cielo abierto la mayor parte de su recorrido. De entre las medidas adoptadas con motivo de una epidemia de cólera en otoño de 1911, el diario *El Pueblo Manchego* reprodujo el acuerdo de la Junta Provincial de Sanidad de 1908, en el que se describía claramente la problemática situación existente en ese momento:

(...) esto es motivo de que las aguas pluviales arrastren materias orgánicas que, al irse depositando por sedimentación en la deficiente alcantarilla de desagüe llamada La Cava, determinen la formación de pantanos artificiales e infecten el suelo y subsuelo de la misma y sus alrededores, convirtiéndose en causa ocasional de fiebres palúdicas e infecciones de otra índole.

Este mal se agranda si tenemos presente que las aguas de cuatro quintas partes de la población tiene su salida por esta alcantarilla, que el suelo del Pilar y sus alrededores está formado de mantillo, que esta canalización es el sumidero de las aguas residuarias y fecales de muchos vecinos, que es el vertedero de algunas fábricas, y por último, que el matadero público vierte en la misma las aguas de la limpieza y las materia fecales de los animales sacrificados, que obstruyen en parte la luz de su sección[2].

Del mismo modo, en 1912, un artículo de *El Pueblo Manchego* alertaba sobre la necesidad de cubrir el tramo de la cava al suroeste de la ciudad, cerca de la puerta de Alarcos:

Varios amigos nuestros, que tienen la buena costumbre de pasear un rato todos los días, nos ruegan llamemos la atención del señor alcalde acerca del mal estado en que se encuentra la llamada cava o alcantarilla de desagüe, en las proximidades de la calle de Alarcos.

Dicha alcantarilla más que tal es un depósito de inmundicias; y como está al descubierto, las emanaciones que de su fondo se desprenden hacen poco a menos que intransitable esa parte de la ronda.

Urge pues, que se tome alguna medida para que desaparezca dicho foco; lo mejor sería abovedarlo; y si esto no es posible, procédase cuanto antes a desocuparlo[3].

Los episodios de lluvias intensas provocaban frecuentes inundaciones en la plaza del Pilar, que era el punto más bajo de la ciudad y el lugar de inicio de la cava, aunque normalmente el agua se retiraba pronto y la falta de pendiente en las calles minimizaba los riesgos para los vecinos. Existen numerosos testimonios de estos episodios, como la crónica telegráfica de Miján en *La Unión Católica* (1895):

> *Tormentas en Ciudad Real*
> - Anoche descargó sobre esta población una horrorosa tempestad, que produjo extraordinaria alarma.
> - Los truenos era tan intensos y el huracán tan formidable, que hacían trepidar los edificios.
> - Los relámpagos iluminaban largos ratos el espacio.
> - La lluvia era torrencial y acompañada de granizo, que rompió muchos cristales.
> - Las calles se convirtieron en verdaderos ríos. En la plaza del Pilar el agua alcanzó más de un metro de altura.
> - Merced a la corta duración de la tempestad, las calles están hoy desaguadas.
> - La miseria aumenta.
> - Gran número de obreros se ven precisados a implorar la caridad pública.
> - El Carnaval está muy desanimado.- Miján[4].

La cava y el desagüe fueron limpiados en el verano de 1913, «con el fin de que quede terminada la operación antes de que principie la época de lluvias»[5]. Una vez incautadas las obras de la SGOS, se tomó la decisión de ir introduciendo el alcantarillado en las calles en las que se fuera a modificar el pavimento, pero los avances fueron escasos, y la situación de la cava y desagüe seguían sin mejorar:

> ... se comenzaron las obras de limpieza, cuyo coste ignoramos, pero no así el resultado obtenido, por cuanto a causa de las últimas lluvias continúa el agua estancándose en el Pilar y desbordándose la Cava, prueba inequívoca de que las aguas no pasan del matadero, efecto de los hundimientos que allí existen, los mismos que hace cuatro meses. ¿Qué objeto tiene pues gastar el dinero en obra tan inútil? ¿Por qué no se continúan los trabajos desde el matadero?[6].

Plaza del Pilar inundada en tiempos de fuertes lluvias

INUNDACIONES EN LAS CALLES DE CIUDAD REAL

El nivel de las aguas llegó en Ciudad Real a tan considerable altura, que este automóvil aparece casi totalmente oculto por el chapurón

Los modestos ciudadanos que carecen de automóvil propio y no pueden costearse el de alquiler utilizan estos carritos, tirados por borriquillos, para atravesar las calles (Fotos Cine)

Noticia en el diario *Ahora*, 25.10.1931, p. 17,
sobre las inundaciones de Ciudad Real

Los problemas de desagüe fueron crónicos en los años veinte y treinta del siglo XX, y existen numerosos testimonios fotográficos de las frecuentes inundaciones, sobre todo de la plaza del Pilar y las calles de menor cota, como Alarcos o la ronda homónima.

Del mismo modo, abundan las noticias que dan cuenta de las inundaciones. Es el caso de la publicada en el diario *Ahora* el 25 de octubre de 1931, o la publicada en el *Heraldo de Madrid* de 24 de octubre de 1934, el mismo año, precisamente, en el que en verano se habían padecido graves problemas de abastecimiento:

> *Llueve torrencialmente en Ciudad Real*
> Ha descargado sobre esta capital una gran tormenta de agua. Las calles céntricas quedaron en un momento convertidas en caudalosos ríos.
>
> La plaza del Pilar ha quedado convertida en una inmensa laguna de cuatro metros de profundidad. En la calle Alarcos, por la altura que ha alcanzado el agua, esta amenaza invadir la sala de aparatos de la Central de Teléfonos, que está instalada en dicha calle. Los funcionarios de la Hidráulica del Guadiana cuyas oficinas están instaladas en un edificio de aquella calle, tuvieron que utilizar barcas para trasladarse a sus respectivos domicilios. En muchas calles han quedado abandonados varios automóviles particulares cubiertos hasta la carrocería por el agua.
>
> Se han registrado inundaciones en casas particulares[7].

148

Un recurso contencioso-administrativo

Ciudad Real 12, 8 noche. El próximo lunes se celebrará ante el SSupremo de lo Contencioso-administrativo la vista del recurso interpuésto por este Ayuntamiento contra la Real orden que anula la incautación del abastecimiento de aguas potables para Ciudad Real.

Espérase con gran expectación el fallo, pues de éste depende que el Municipio pueda resolver varios problemas locales, entre ellos la construcción del alcantarillado.

Noticia aparecida en *ABC*, 13.01.1929

El crecimiento de la ciudad agravó la situación producida por la carencia de alcantarillado y de un abastecimiento de calidad, no siendo extraño que cuando el alcalde visitó al ministro de la Gobernación en 1929, para solicitar ayuda, este le impusiera la obligación de resolver el problema y le recordara que «... al inaugurarse el Instituto Provincial de Higiene, declaró el director general de Sanidad que la cifra de mortalidad de esta ciudad alcanzaba a un 32 por 1.000, porcentaje que constituye un bochorno para Ciudad Real»[8].

Como ha quedado dicho en el capítulo anterior, la incautación de la SGOS fue recurrida por la empresa, y el pleito se alargó, entre recursos, hasta 1929, por lo que hasta los años treinta no se inició la construcción de la red de alcantarillado y de un nuevo emisario que sustituyera a la cava y las minas.

En 1930 Casimiro Juanes proyectó la primera red de alcantarillado de la ciudad, formada, en su mayor parte, por alcantarillas de fábrica de ladrillo de escasa profundidad y sección. Por este motivo, pronto quedó obsoleta, siendo sustituida por una nueva red en los años setenta. Quizás por ello no hemos localizado ni el proyecto ni el plano de la red. Únicamente se conserva en el archivo municipal el proyecto de uno de los colectores de la red arborescente que confluía en el inicio de la mina en las proximidades del antiguo matadero municipal. Se trata del proyecto del Colector «E» firmado por el arquitecto municipal José Arias, que daría servicio al entorno de la calle Sauco Díez[9] (hoy calle de la Mata).

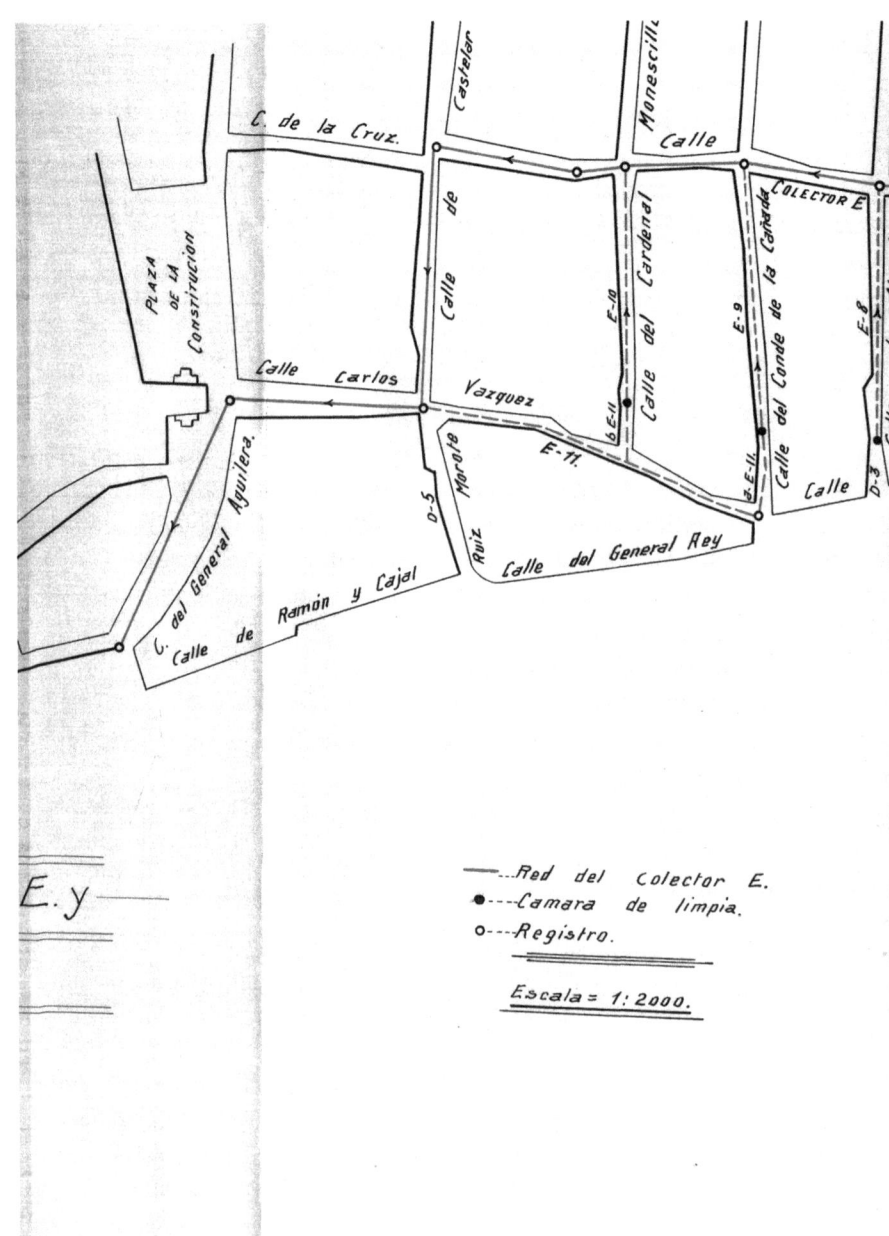

Plano general del Colector «E». AHM, caja alcantarillado

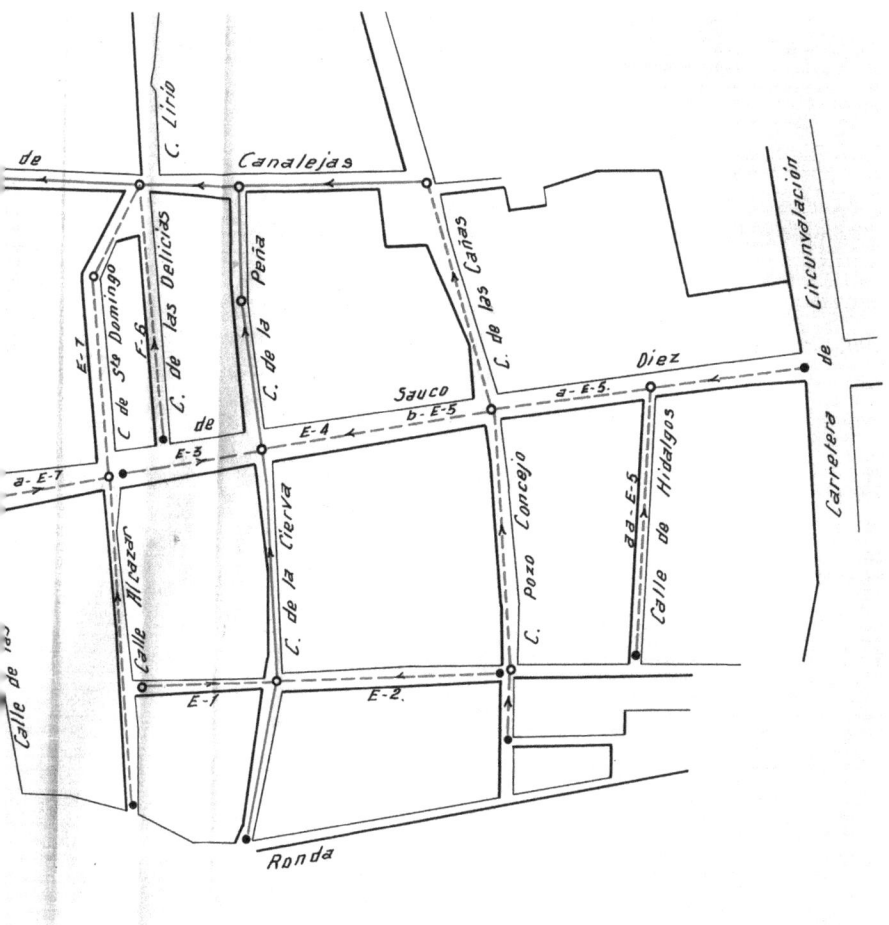

C. Lirio

de

Canalejas

Circunvalación

C. de la Peña

C. de las Delicias

C. de Sto Domingo

E-7

F-6

de

Carretera

Diez

a-E-5

Sauco

C. de las Cañas

E-4

b-E-5

de

E-3

aa-E-5

a-E-7

C. Pozo Concejo

Calle de Hidalgos

C. de la Cierva

Calle Alcazar

E-1

E-2.

Calle de las

Ronda

-Es copia-
-El Arquitecto Municipal-

En 1932, el ayuntamiento se dotó de unas ordenanzas de alcantarillado y saneamiento para regular la red, estableciendo las características técnicas de las acometidas, la ubicación de las arquetas sifónicas, que debían quedar dentro de las fincas, o los plazos para la conexión a la red, más largos para los hogares de menor renta.

La construcción de la red de alcantarillado se prolongó durante bastantes años, no culminándose hasta 1945, gracias a una subvención de 300.000 ptas. aprobada por el Consejo de Ministros.

Por su parte, dada la mala situación de la mina, y en paralelo a la extensión de la red de alcantarillado, se acometió su sustitución por un nuevo emisario más somero que el antiguo. Se conservan expedientes de obras de las secciones 6.ª, 7.ª y 8.ª en 1935 y en 1940. Esto nos hace pensar que fue en aquellos años cuando se abandonó y comenzó el olvido de la vieja mina de desagüe de la ciudad, construida, como vimos, en 1508.

Hasta aquel momento, las aguas evacuadas a través de la mina se vertían en la zona de la Finca de Celada[10], en unos suelos que el Ayuntamiento había adquirido en 1919 para la SGOS donde quedaban estancadas hasta que desaparecían por filtración y evaporación. Todavía hoy son fácilmente apreciables en la zona los restos de sedimentos blanquecinos allí depositados a lo largo de los años.

Para evitar la formación de esta insalubre laguna, «que constituía un foco de infección en las mismas puertas de Ciudad Real»[11], el nuevo emisario se completó con un ovoide de hormigón de 1,50 m de altura ejecutado *in situ*, que permitía salvar el último relieve que separaba la Celada de la salida hacia el río Guadiana, al este de la pedanía de Las Casas.

El emisario resultante es descrito en el proyecto de nuevo saneamiento de 1965 que veremos más adelante:

> (...) la pendiente media es de 0,0004 y su sección rectangular de 1,50 x 1,80 metros estando en los trozos de túnel construido con bóveda de ladrillo y los cajeros en unos sitios revestidos y otros no, lo cual hace que los desprendimientos de tierras disminuyan la capacidad de evacuación del citado emisario. En los puntos que va a cielo abierto la sección es igualmente rectangular con fábrica de ladrillo enfoscada[12].

EMISARIO DEL ALCANTARILLADO
SECCION TIPO
ESCALA = 1 : 25.

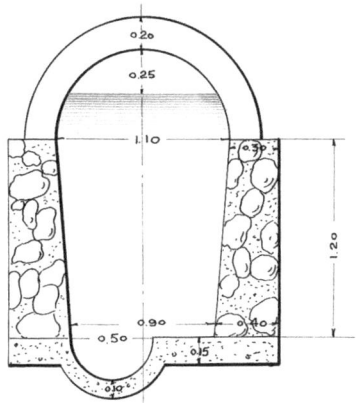

CIUDAD-REAL 17 Octubre 1942
EL ARQUITECTO MUNICIPAL

Sección propuesta para los últimos tramos del emisario
entre la Celada y el Guadiana

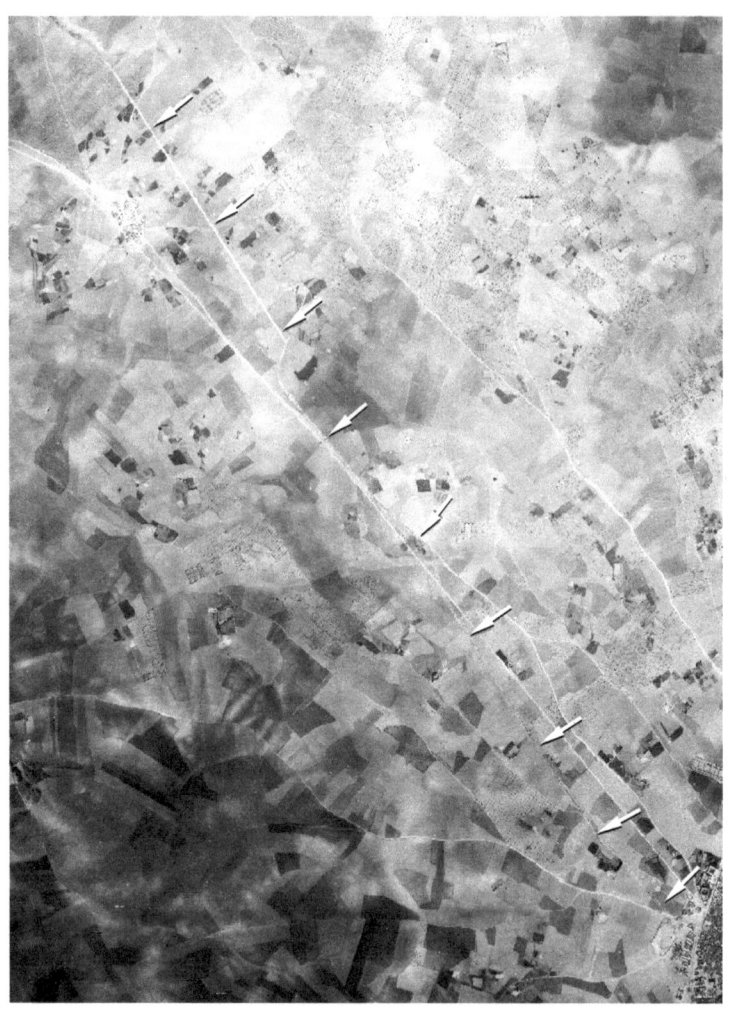

Fotografía del *Vuelo americano* de octubre de 1945,
en el que se observa la huella del emisario,
más nítida en su último tramo, cerca de Las Casas

Los últimos tramos del emisario fueron finalizados en 1945, año de la primera edición del vuelo americano, que muestra claramente su trazado y permite localizar los tramos en los que circulaba a cielo abierto, así como algunos de los movimientos de tierra realizados para su construcción.

El emisario se mantuvo en uso hasta los últimos años de la década de los sesenta, y fue finalmente sustituido por el que en la actualidad lleva las aguas residuales de la ciudad hacia el Guadiana, más al oeste, cerca de Alarcos. Todavía hoy pueden observarse algunos restos del viejo emisario en las cercanías de Las Casas, comprobándose que el ovoide se ejecutó según el proyecto de José Arias.

Interior del emisario primitivo

NOTAS Capítulo 6

1 *El Pueblo Manchego*, n.º 3.400, 12.05.1922.

2 *El Pueblo Manchego*, n.º 201, 08.09.1911.

3 *El pueblo Manchego*, n.º 389, 25.04.1912.

4 *La Unión Católica*, 25.02.1895.

5 *El Pueblo Manchego*, n.º 793, 30.08.1913.

6 *El Pueblo Manchego*, 04.01.1929.

7 *El Heraldo de Madrid*, 24.10.934, p. 4.

8 *El Sol*, 28.07.1929.

9 AHM, caja «alcantarillado».

10 Todavía hoy se puede apreciar el suelo limoso blanquecino formado por la sedimentación de la carga orgánica traída por el colector durante años.

11 Entrevista con el alcalde, Fernando Bustamente, publicada en *Lanza*, extraordinario de ferias, 14.08.1945.

12 Memoria del Proyecto de saneamiento de Ciudad Real, p. 7. Manuel de la Barreda, 1965.

Boca de riego de la marca Uralita instalada en la plaza del Pilar. Este modelo se ubicó por toda la ciudad en este periodo y todavía abunda. Curiosamente, esta es la única que hemos encontrado personalizada para la ciudad

7 La solución ¿definitiva?
a los problemas del agua

Tal como ha quedado expuesto, gracias al bombeo desde el embalse de Gasset, Ciudad Real dispuso desde 1934 de una fuente de abastecimiento de calidad y en cantidad suficiente para la demanda de la época. Lo que inicialmente fue una solución de emergencia, obligada por la sequía veraniega y la insuficiencia del abastecimiento desde el valle de los Molinos, en un lento proceso de más de 30 años, se convertirá en la solución casi definitiva[1].

Resuelto inicialmente el problema técnico, el administrativo, relativo a la titularidad de la concesión y las obras, se prolongó más allá de los años treinta. En 1941, tras reconocer el Ayuntamiento la deuda que tenía pendiente con la Confederación Hidrográfica, esta se dirigió a la Corporación Municipal para, a la vez que concedía una prórroga más de las concesiones provisionales, invitarla a presentar una solicitud de concesión definitiva para abastecimiento[2]. La solicitud debía acompañarse de un informe técnico que la Jefatura de Aguas de la Delegación Hidrográfica encargó, a petición del Ayuntamiento, al ingeniero de caminos, Eustaquio Berriochoa. En su trabajo, titulado «Informe sobre una posible solución mancomunada para el abastecimiento de aguas de Ciudad Real y pueblos de sus contornos», evaluó las diversas posibilidades de abastecimiento de una mancomunidad que incluiría varios municipios de los alrededores que también padecían problemas de abastecimiento.

Al analizar la situación existente en 1942, Berrriochoa detecta cómo el abandono de la conducción entre el valle de los Molinos y la arqueta del sifón del Humilladero, situado antes del embalse de Gasset, hacía necesario incorporar un abundante caudal procedente del bombeo: «el agua del Pantano de Gasset, aunque no ha dado ningún disgusto serio por sus condiciones más deficientes de potabilidad que la anterior (valle de los Molinos), sin embargo es prudente depurarla como está previsto, y no se hace»[3]. Como primera medida propone, por tanto, la reparación de ese tramo, porque cada metro cúbico que llegase del valle de los Molinos ahorraría la elevación de otro en el Gasset.

De los problemas de abastecimiento que seguía padeciendo la ciudad dan cuenta también las memorias de gestión del Ayuntamiento. En la de 1944, se señala que el servicio era:

> ... deficiente por no estar completamente terminadas las obras de ampliación de la conducción desde el Pantano de Gasset a la ciudad en los tramos rodados, por estar sin ejecutar buena parte de las obras de la red de distribución y por la insuficiente capacidad de los depósitos reguladores de la Atalaya, que solamente almacenan 4.000 m³ de agua, que es el consumo ordinario cada veinticuatro horas[4].

La idea de Berriochoa relativa al establecimiento de abastecimiento mancomunado para muchos municipios de la provincia se abandona por su complejidad, encargándose el propio Berriochoa en 1945 de la redacción del «anteproyecto comparativo de las soluciones más adecuadas para el abastecimiento de aguas a Ciudad Real y Miguelturra». El documento evaluaba distintas alternativas de abastecimiento, bien elevando agua desde el Gasset, bien por gravedad desde las cuencas de los valles de Piedralá y los Molinos o, más lejos aún, desde el valle de los Picones. Además, y advirtiendo las dificultades de los ayuntamientos para acometer este tipo de obras, Berriochoa analizó la viabilidad económica de las diversas alternativas en atención al posible aumento futuro de los consumos y tarifas. Antes de entregar el anteproyecto, publicó las conclusiones de su análisis en la *Revista de Obras Públicas* en 1943:

> Como el caso de Ciudad Real y su comarca, el estado de sus servicios y haciendas municipales se repite con lamentable frecuencia

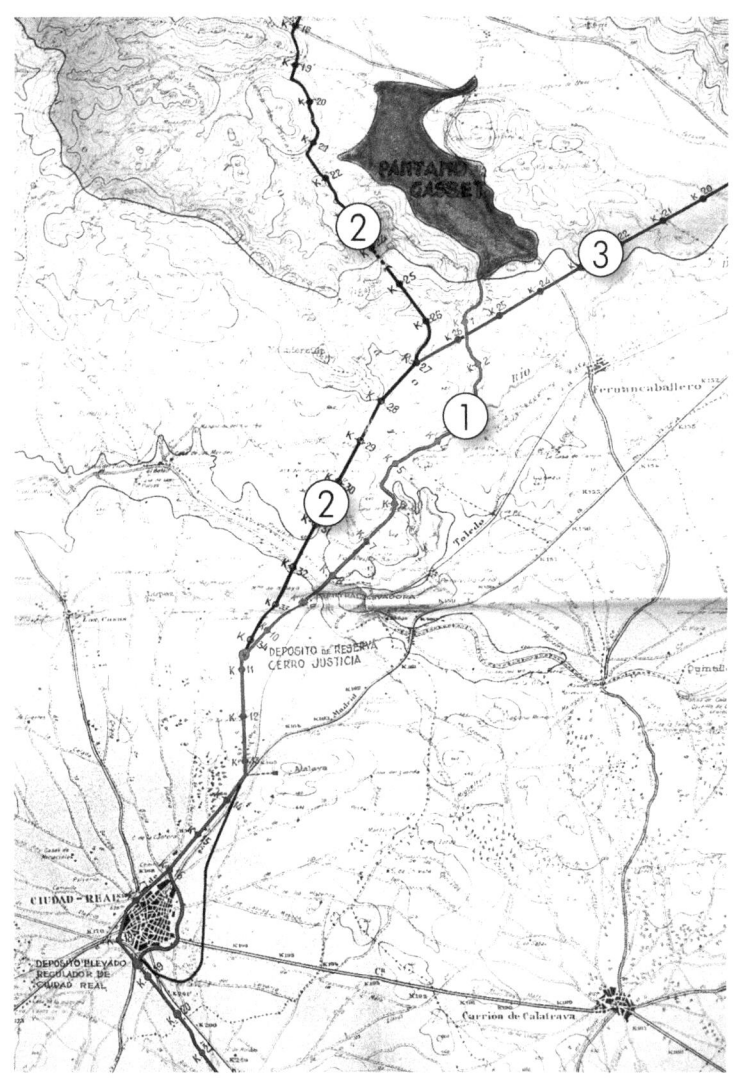

Anteproyecto de Eustaquio Berriochoa. 1.- Opción desde el Gasset; 2.-
Alternativas desde los valles de Piedralá y Molinos; 3.- Desde el valle de
los Picones. Fuente: AHM, caja 8023

en toda España. Y su corrección requiere la movilización de cifras cuantiosas que, por lo general, no están al alcance de las posibilidad de los Municipios interesados, aun cuando se obtengan toda clase de auxilios del Estado, previstos en las disposiciones vigentes y, por otra parte, los problemas y servicios a atender no aconsejan dilaciones en su resolución, en aquella ocasión tuve la oportunidad de hacer patente la insuficiencia de todas previsiones de auxilios actuales y la conveniencia de orientar su solución, fundamentándola en una base más firme y racional, haciendo que pague el servicio quien directamente se beneficie de él, y diluir así en toda la economía local lo que también es de beneficio general; y para que esto pueda hacerse sin las deformaciones que en el mecanismo económico introduce el artificio de hacer intervenir en él a una hacienda municipal que no siempre es reflejo exacto del estado y posibilidades económicas de las población entera que personaliza, proponía la creación de un organismo autónomo y superior...[5].

Tras evaluar las posibles soluciones, Berriochoa optó por la consolidación del Gasset como alternativa más ventajosa. El anteproyecto proponía, como ya hizo Casimiro Juanes en 1932, la construcción de un tramo rodado desde la presa hasta una nueva elevación cerca del Guadiana y un nuevo depósito en el cerro de la Justicia. Además, planteaba la construcción de un anillo para abastecer Ciudad Real y un depósito en cola en las eras del Cerrillo para dar salida a las aguas hacia Miguelturra.

El trabajo de Berriochoa no llegó a materializarse y la precariedad del abastecimiento se prolongó en el tiempo. A tal respecto, un minucioso informe de 1951, elaborado por el Ayuntamiento con el asesoramiento del Banco Urquijo[6], da ajustada idea de la situación al iniciarse la década de los cincuenta. Amparada todavía por una concesión provisional de 2.000 m^3/día, aunque oficiosamente se permitía llegar a 4.000, la ciudad seguía elevando el agua desde el embalse de Gasset (80 m) para luego llegar por gravedad hasta el depósito de La Atalaya aprovechando la conducción construida en su día para la traída desde el valle de los Molinos. La elevación se efectuaba empleando tres motores eléctricos y bombas de 150, 125 y 120 HP y la conducción hasta a

La Atalaya (12.861 m de los cuales la mitad eran sifones) se efectuaba mediante tubería de Uralita de 300 a 400 mm de diámetro. Desde La Atalaya salía una tubería de 2.500 mm conectada a la altura de puerta de Toledo con las tres arterias principales que distribuían en la ciudad, una de 150 mm que discurría por la calle Toledo y otras dos por las rondas, que deberían cerrar unos circuitos que estaban sin terminar.

Según el informe, la dotación teórica de 54,8 litros por habitante y día, una vez descontadas las pérdidas, quedaba en una cifra de 32,7. El agua se servía por contador, uno por cada edificio, repartiéndose luego entre los vecinos a partes iguales. Los 2.940 abonados suponían menos del 10% de la población, que seguía abasteciéndose en cantidad considerable de las fuentes públicas, gratuitas, y de un buen número de pozos. Aunque las tarifas se habían establecido por tramos, con precios decrecientes según el volumen consumido, se aplicaba «el precio único determinado por la tarifa a la totalidad del consumo», lo que reducía los ingresos.

El importe facturado en 1950 fue de 283.110 ptas., y los gastos (electricidad, elevación, personal, etc.) ascendieron a 913.634 ptas., resultando unas pérdidas de 630.540 ptas.[7]. El abastecimiento era pues, en definitiva, un mal negocio para el Ayuntamiento que difícilmente podía costear las inversiones necesarias para su mejora.

Por lo demás, las deficiencias de la red limitaban la presión y el agua no llegaba a los puntos más elevados de la ciudad, como la zona del Torreón del Alcázar. En consecuencia, muchos abonados no podían disfrutar del servicio con la continuidad y calidad deseadas.

Con el objetivo de desbloquear definitivamente el problema del abastecimiento, en junio de 1951 el Ayuntamiento convocó un concurso de anteproyectos «para la resolución del problema del agua en Ciudad Real»[8]. Planteaba la convocatoria la posibilidad de aportar soluciones con agua rodada o elevada, debiéndose concretar, en este caso, la manera de dotar a la elevación de medios propios de energía. Se estableció una base de 200 litros por habitante y día para una población de 35.000 habitantes, y una proyección de 70.000, además de 100 litros por habitante y día para una población futura estimada de 10.000 habitantes en Miguelturra.

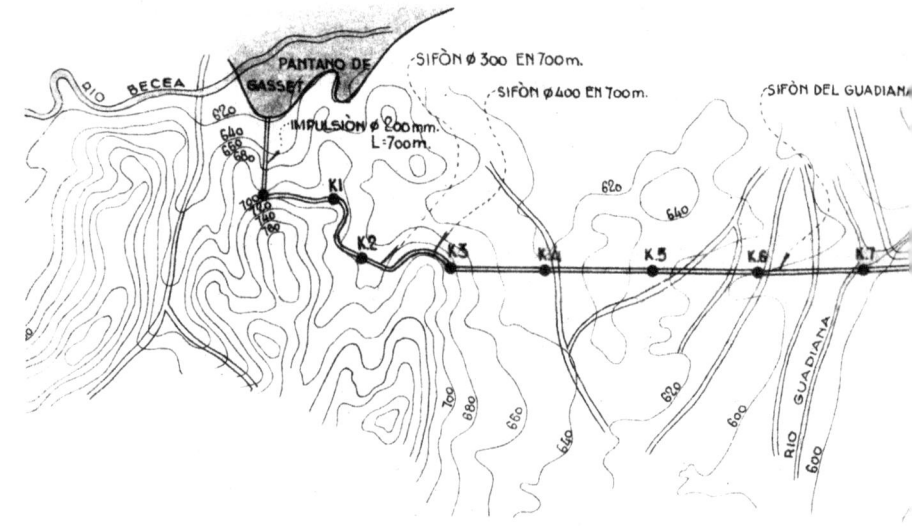

En ambas páginas, plano del abastecimiento en 1951. Informe sobre el abastecimiento de aguas, Ayuntamiento-Banco Urquijo. AHM, caja 8023

En febrero de 1952 se resolvió el concurso al que se habían presentado tres propuestas, resultando ganadora la redactada por Eustaquio Berriochoa, y obteniendo un accésit la correspondiente a los ingenieros Manuel y José Díaz de Rágaba.

Prácticamente en paralelo, la insuficiente dotación de la ciudad permitió que el Ayuntamiento se acogiera al decreto de 1 de febrero de 1952 que regulaba el auxilio del Estado a los ayuntamientos en las obras de abastecimiento de agua potable[9]. La disposición establecía la posibilidad de otorgar subvenciones a aquellos municipios con dotación inferior a 200 litros por habitante y día y encomendaba a las Confederaciones Hidrográficas y los Servicios Hidráulicos la redacción de estudios y proyectos o su confrontación cuando fueran presentados por los municipios. El Ministerio de Obras Públicas se encargaría de la ejecución de las obras mediante contrata, encargándose las confederaciones de los trabajos de inspección y vigilancia de las obras. El decreto permitía otorgar subvenciones de hasta el 50 % del presupuesto

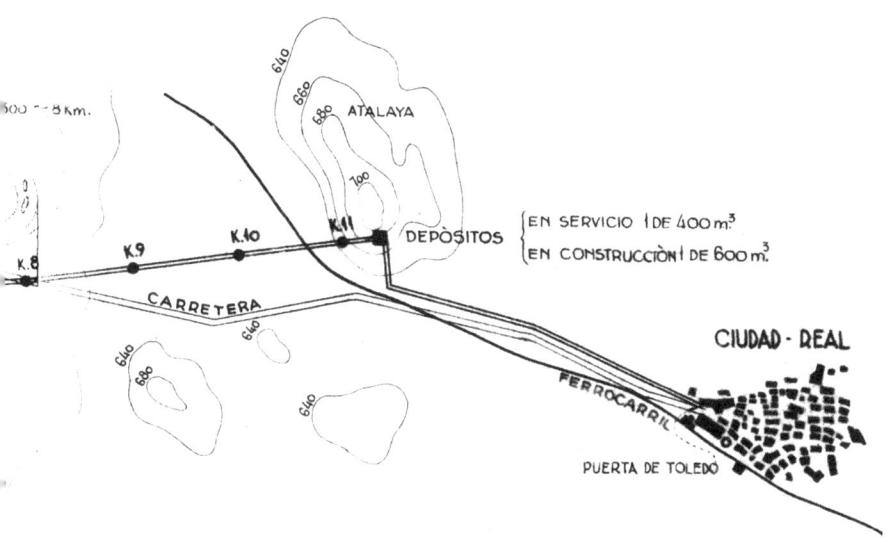

de las obras y anticipar las cantidades necesarias hasta que el Ayuntamiento pudiera cobrar por el agua.

En escrito de 4 de diciembre de 1952, el Ayuntamiento solicitó acogerse a los beneficios de dicho decreto, petición a la que se sumó el de Miguelturra por acuerdo del 23 de junio de 1953.

Una vez abierto el expediente preceptivo, Guillermo Heras, ingeniero jefe de la Comisaría de Aguas de la Confederación Hidrográfica del Guadiana, evaluó favorablemente la solicitud. El 10 de julio de 1953, el ingeniero director elevó informe positivo al Ministerio proponiendo la aprobación del expediente de abastecimiento de agua a Ciudad Real y Miguelturra con aguas derivadas del Gasset, con un presupuesto de contrata de 77, 5 millones de pesetas.

La gestión de las obras se encomendó a la propia Confederación y el proyecto, elaborado por Heras, fue aprobado el 5 de marzo de 1959. El Ayuntamiento, por su parte, consiguió después de más de 25 años en situación provisional, la concesión definitiva de un caudal de 100 l/s, aumentable a 200, de las aguas del Gasset, en atención a lo planteado en el proyecto.

Fructificaban así las gestiones desarrolladas por la corporación municipal para alcanzar la solución definitiva del proble-

EXCMO. SEÑOR:

Manuel Acedo Rico Semprún, Alcalde Presidente del Excmo. Ayuntamiento de Ciudad Real y Procurador en Cortes, a V.E.- respetuosamente expone:

Que siendo los servicios de aguas de esta Ciudad, insuficientes y defectuosos, toda vez que la dotación media por habitante y día no alcanza a los doscientos litros, que la red de distribución es imperfecta e incompleta y que el Alcantarillado no está ultimado,

SOLICITA: Que en cumplimiento de los acuerdos adoptados por el Ayuntamiento de su presidencia, de fecha veintidós de Noviembre próximo pasado;

Primero.- Que se concedan a esta Ciudad los beneficios derivados del Decreto de 1º de Febrero de 1952.

Segundo.- Que se proceda por el Ministerio de Obras Públicas, al estudio y redacción del respectivo proyecto.

Tercero.-Que teniendo este Ayuntamiento Anteproyectos y estudios referentes al problema planteado, los ha remitido para su estudio a la División Hidraulica del Guadiana.

Es gracia que espera alcanzar de V.E., cuya vida guarde Dios muchos años.

Ciudad Real para Madrid, a 4 de Diciembre de 1.952.

SR. MINISTRO DE OBRAS PUBLICAS.   MADRID.

Escrito elevado al Ministerio de Obras Públicas
solicitando el auxilio del Estado. ACHG, caja 833

166

10 de Marzo de 1.959

El Gobernador Civil
y
Jefe Provincial del Movimiento
La Coruña

Iltmo. Sr. D. Antonio Ballester Fernández
Alcalde-Presidente del Exmo. Ayuntamiento
CIUDAD REAL

Mi querido amigo y camarada:
Por la prensa me entero de que por el Sr.
Ministro de Obras Públicas, se ha aprobado el proyecto de abastecimiento de aguas de Ciudad Real. Mejora que todos soñábamos alcanzar y
que gracias a Dios ha llegado, por vuestro esfuerzo y tenacidad.
Con esta gran obra Ciudad Real está en
vías de progreso, porque a ella acudirán industrias y otros beneficios
que harán que nuestra querida Capital prospere como todos deseamos.
Recibe mi mas cordial enhorabuena, que te
ruego hagas extensiva a esa Corporación.
Te envía un fuerte abrazo tu buen amigo y
camarada,

Firmado: Evaristo Martín Freire.

Telegrama de felicitación del presidente de la Diputación
de Ciudad Real. AHM, caja 8025

ma del agua en Ciudad Real. El Ayuntamiento recibió numerosos testimonios de agradecimiento y felicitación, como el telegrama remitido por el entonces Gobernador Civil de la Coruña, Evaristo Martín Freire, político manchego que había desempeñado con anterioridad el cargo de presidente de la Diputación.

Jorge Vigón, ministro de Obras Públicas, visitó las obras el 24 de mayo de 1959. Fue declarado hijo predilecto de la ciudad y el diario *ABC* de 26 de mayo recogió la noticia con el tono habitual de la época:

La Plaza del Generalísimo de Ciudad Real era un hervidero humano, esta mañana, y es difícil llenarla porque, un poco oprimida, cabe la mitad de la población. Por lo menos un tercio de ella se había concentrado en la plaza, hecho casi sin precedentes en la historia local. Tal era el júbilo de la capital de la Mancha, al ver ya próxima la resolución de su eterno problema, el del agua, que no solo la ha angustiado con la sed a lo largo de muchos estíos con cuarenta grados de calor a la sombra, sino que impedía su expansión *económica*. Por ello, algunas de las pancartas rezaban «Con agua, queremos y podemos tener industrias»[10].

167

Fotograma del NODO 856 A, de 25.05.1959

De igual modo, el *NODO* 856A, de 25 de mayo de 1959, recogió la visita y la recepción en el Ayuntamiento dando cuenta, según estrategia que como es sabido fue habitual, del entusiasmo y agradecimiento de la población.

En primer término, el alcalde de Ciudad Real, Antonio Ballester (2.º por la izquierda), el gobernador militar, el gobernador civil, José Utrera Molina (5.º) y los tenientes de alcalde, Alfredo Ballester y José Luis Luna. En segundo término, justo detrás del gobernador, el ingeniero autor del proyecto, Guillermo Heras, junto a otras autoridades. Fuente, AHM

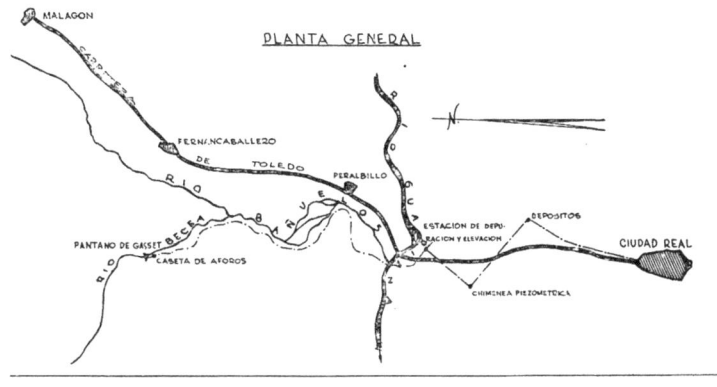

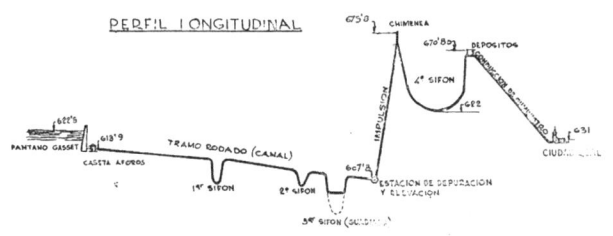

Esquema del sistema de abastecimiento de 1964.
Boletín de información de Municipal, n.º 2, 02.04.1961

Las obras, ejecutadas por Entrecanales y Távora, S.A., se iniciaron sin demora, y la celebración del 18 de julio de 1960 fue aprovechada para su inauguración oficial: José Utrera Molina, Gobernador Civil de la provincia, activó los primeros explosivos frente a La Atalaya.

Los boletines municipales de la época recogen abundantes noticias y material gráfico del desarrollo de las obras, más fáciles de entender y reproducir que los planos técnicos del proyecto que se conserva en el archivo de la Confederación Hidrográfica. En síntesis, se racionalizó la precipitada solución previa a la Guerra Civil, que situaba el bombeo junto a la presa del embalse de Gasset. Como ya habían planteado en sus proyectos en los años 30 los ingenieros Casimiro Juanes y Casimiro Coello, la solución proyectada por Guillermo Heras se valía de un tramo rodado con algunos sifones para llevar el agua por gravedad desde la toma en el embalse de Gasset, siguiendo aproximadamente el cauce del río Bañuelos, hasta el punto más bajo del recorrido, situado

Del abastecimiento de aguas a nuestra capital

Do: vistas del acueducto sobre el río Guadiana para el nuevo abastecimiento de Ciudad Real, que ya ha sido terminado. Dentro de muy poco tiempo, nuestra población contará con un abastecimiento capaz y suficiente y habrán desaparecido las restricciones y carencia que venimos padeciendo desde tiempo inmemorial.

Cruce del río Guadiana por el acueducto del abastecimiento

Obras de tendido de la tubería.
Boletín de información de Municipal, n.° 6, marzo de 1962, p. 33

después del cruce del Guadiana, mediante un singular acueducto. Allí se ubicó la nueva Estación de Depuración y Elevación, encargada de enviar el agua una vez potabilizada, apoyándose en el cabezo del Fraile, un cerro cercano, hasta La Atalaya, donde se construyó un nuevo depósito para complementar al existente.

El tramo rodado consistía en un canal de sección trapezoidal 10.720 m de longitud con una solera de 60 cm de ancho y taludes de 1/1,5. Intercalaba tres sifones de 1.630 m de tubería de 600 mm de diámetro, apoyándose el que cruzaba el Guadiana sobre una palizada de hormigón para evitar el máximo nivel de crecidas del río[11].

Sifón de La Atalaya (izq.) y tramo rodado (derecha).
Boletín de información de Municipal n.º 7, 1962, pp. 53 -54

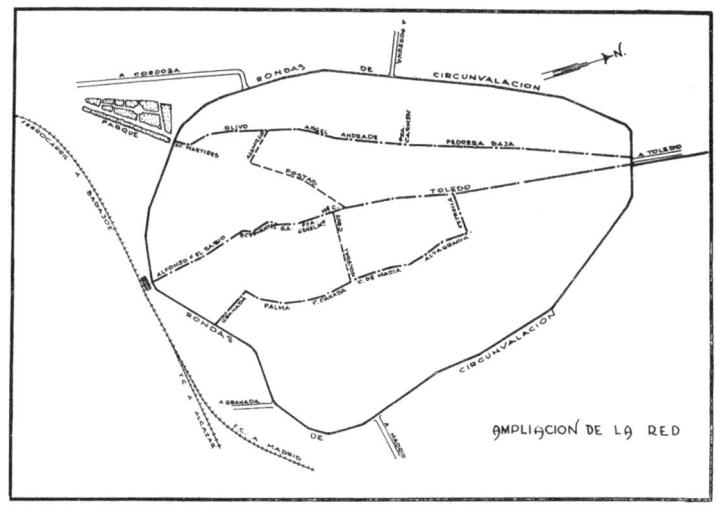

Esquema de la ampliación de la red de distribución.
Boletín de información Municipal, n.º 2, 02.04.1961

En La Atalaya se construyó un nuevo depósito de 4.000 m³. Junto al existente permitían una capacidad total de 8.000 m³. Este depósito, de hormigón, se proyectó de manera que pudiera ser ampliado posteriormente.

Respecto a la distribución, la incapacidad de la red existente limitaba en gran medida las presiones en muchos tramos de la red. Se planteó una nueva red arterial que la sustituyó, reutilizando algunos tramos de tuberías, y se incorporó un nuevo circuito perimetral que, partiendo de la puerta de Toledo, recorría las rondas por el este y oeste hasta unirse en la calle Palma. Este anillo era cortado por una arteria de similar sección que bajaba por la calle Toledo, María Cristina, Plaza Mayor y Ciruela. Se instalaron tuberías de diámetros de 250 a 400 mm, y las dos mallas quedaron a su vez divididas por dos tuberías secundarias de 150 a 205 mm.

Un decreto, de 11 de octubre de 1963, aprobó el Plan Especial de Abastecimientos y Saneamientos de la Provincia de Ciudad Real. Contó con auxilios del Ministerio de Obras Públicas, la Presidencia de Gobierno, el Ministerio de la Vivienda y las corporaciones locales, e impulsó la segunda fase del abastecimiento y el saneamiento.

Finalizada en 1964 la primera fase, se presentó el proyecto de la nueva red de distribución. Construida en fibrocemento, malló por fin la red y garantizó la presión necesaria para la edificación en altura, contribuyendo en buena medida al inicio de una fase de desarrollismo que transformó sustancialmente la ciudad. El proyecto de la segunda fase fue redactado por el ingeniero Manuel de la Barreda y las obras fueron ejecutadas entre 1965 y 1966.

Aún quedaba por resolver, de manera definitiva, el problema del alcantarillado, que se encontraba en situación precaria desde su construcción en los años treinta. No resultaba inhabitual que cada vez que caía una tromba de agua sobre la ciudad siguieran inundándose el entorno del Pilar y la calle Alarcos, y testimonios como las declaraciones al diario *Lanza* del entonces alcalde, Victoriano Rodríguez Velasco, tras las inundaciones del 24 febrero de 1964, dan cuenta del apremiante problema que sufría la ciudad:

Calle Alarcos inundada tras las fuertes lluvias en los años 50

... la situación es realmente apremiante y ello se debe en su mayor parte a la obstrucción del alcantarillado y emisario, que puede considerarse no desaguan más que un veinte por ciento de su normal capacidad debido a que desde su construcción hace treinta y dos años no se había procedido a su limpieza. El ayuntamiento, ante la gravedad del problema, inició hace más de dos meses los trabajos de desobstrucción a partir del lugar conocido por «la Celada», que es donde comienza el emisario descubierto y se ha logrado ya limpiar más de dos kilómetros en dirección a la capital. En estos días, los trabajos hubieron de suspenderse a causa del temporal de lluvias, y se reanudarán tan pronto se pueda, no obstante, el elevado costo de los mismos, alrededor de un millón de pesetas. Actualmente se estaba llegando casi al campo de deportes del nuevo Seminario, que es por donde va la conducción del alcantarillado[12].

En 1965 Manuel de la Barreda también redactó, como parte del ya citado Plan Especial de Abastecimientos y Saneamientos de la Provincia de Ciudad Real, el Proyecto de Saneamiento de la ciudad y las obras del nuevo alcantarillado, para sustituir totalmente al existente, se iniciaron el 6 de octubre de 1971[13], porque este no llegaba a toda la población y la profundidad de los colectores era escasa, la justa para el adoquinado de las calles, lo que no

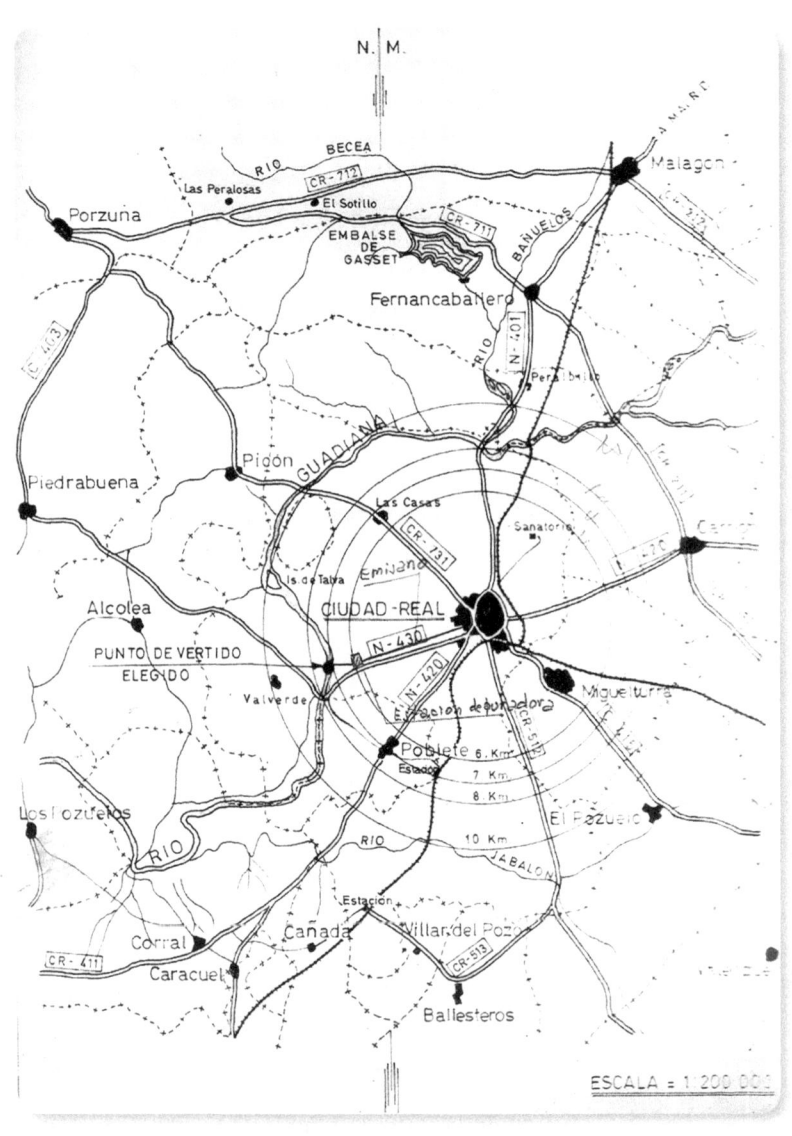

Esquema para determinar el punto óptimo de vertido.
Proyecto de Saneamiento de Ciudad Real, 1965

aseguraba las pendientes suficientes en las acometidas. Además, las secciones de los colectores eran en muchas ocasiones insuficientes, siendo este el caso del colector principal del emisario (tubular de 1 metro de diámetro), que partía de la plaza del Pilar, para continuar por la avenida de Alarcos, Bernardo Balbuena, y de ahí seguir paralelo a la ronda de Santa María, desde donde, como se ha visto, salía paralelo a la carretera de Porzuna hacia el Guadiana cerca de Las Casas.

El nuevo sistema era unitario y contaba con un nuevo emisario al Guadiana cerca del puente de Alarcos, dejando fuera de servicio el que iba a la Celada, ya que la cota de su solera en la salida bajo la ronda de Santa María era solo un metro inferior a la de la plaza del Pilar / Cervantes. Se eligió este punto de vertido porque permitía secciones en canal en algún tramo, tenía menos longitud y, además, los desniveles en su parte final permitirían la futura construcción de una estación depuradora.

La profundidad mínima establecida fue de 1,5 metros, procurando alcanzar los tres metros en el centro de la ciudad para permitir la futura construcción de sótanos. El sistema arborescente se componía de siete colectores (A-G), que recogían las cuencas al norte y sur del eje de la calle Postas-Calatrava, donde confluían hacia el colector principal, que arrancaba en la confluencia de la calle Alarcos con Postas y cruzaba el parque de Gasset para seguir por el Camino Viejo de Alarcos, bajo el que el emisario sacaba las aguas de la ciudad.

El colector tenía 1.027 m de longitud, con secciones ovoides visitables de 2,50 x 3,50 en sus primeros 481 m y de 3,00 x 4,00 en el resto. El emisario, por su parte, tenía una longitud de 5.720 metros con sección circular de 2,50 m de diámetro. El emisario se excavó en túnel, y el presupuesto total del saneamiento ascendió a 171 millones de pesetas. La superficie total saneada, según los cálculos, era de 438 hectáreas, con un caudal de pluviales máximo de 13.145 m^3/s, considerando una precipitación de 50 l/s por hectárea con una duración de 40 minutos. Se dimensionó para una población de 80.000 habitantes, con una longitud total de la red de 53.522 metros.

La nueva red, concluida a finales de 1974, contó con una estación depuradora para las aguas urbanas que pronto se mostró insuficiente, según parece seguramente por los vertidos industriales de la azucarera que había llegado a la ciudad[14].

Con la conclusión del nuevo saneamiento, la ciudad contaba, más de cien años después del primer proyecto de Salarnier, con un sistema adecuado de abastecimiento y saneamiento de aguas. Desde entonces, las redes han ido mejorándose al ritmo del crecimiento de la población y la demanda, procurando una eficiencia suficiente incluso en los periodos de sequía. En la actualidad, el embalse de Gasset, que llegó a secarse en los años setenta y noventa del siglo XX, está conectado con el de la Torre de Abraham, en el Bullaque, lo que garantiza un mayor volumen de agua disponible. La Estación de Tratamiento de Aguas Potables (ETAP) se ha modernizado para mejorar la calidad del agua y cumplir con los estrictos requisitos de la legislación vigente. La red de abastecimiento y distribución sigue creciendo con la ciudad, y se han incorporado nuevos depósitos de mayor capacidad en La Atalaya. Por último, la estación depuradora de aguas residuales (EDAR) se ha ampliado para recoger las aguas de municipios cercanos, y se ha dotado de un tratamiento terciario que permite asegurar la calidad del agua vertida al río Guadiana en las cercanías de Alarcos.

Abrimos hoy el grifo con alegría, con naturalidad, olvidando el arduo camino que ha sido necesario recorrer para llegar hasta aquí. Sirva este libro para que la ciudad conozca y valore el trabajo de las personas que, a lo largo de los años, colaboraron en resolver el reto diferido planteado por Alfonso X en el llano manchego hace casi ocho siglos. Hoy, gracias al trabajo de todos, podemos decir: ¡reto superado!

NOTAS Capítulo 7

1 Decimos definitiva porque en la actualidad, para garantizar el abastecimiento de los 100.572 habitantes de la mancomunidad de Gasset, que incluye los municipios de Ciudad Real, Miguelturra, Torralba de Calatrava, Carrión de Calatrava, Poblete, Alcolea de Calatrava y Picón, existe un transvase entre el embalse de la Torre de Abraham en el río Bullaque y el de Gasset que aumenta la disponibilidad de agua.

2 AHM, caja 8022.

3 Berriochoa y Elgarresta, Eustaquio, «Informe sobre una posible solución mancomunada para el abastecimiento de aguas de Ciudad Real y pueblos de sus contornos», 1942, AHM. Caja 8023.

4 Memoria de gestión municipal de 1944, citada por Pillet, op. cit., p. 467.

5 El artículo respondía a otro anterior de José Paz Maroto en el que este planteaba la creación de un Patronato Nacional de Obras Sanitarias que se encargase de la construcción y gestión de abastecimientos y saneamientos de manera autónoma a los municipios. Eustaquio Berriochoa, «Organización Nacional de Saneamiento», *Revista de Obras Públicas*, n.º 2.740, 01.08.1943, pp. 347-354.

6 Los datos y entrecomillados que siguen provienen del Ayuntamiento de Ciudad Real-Banco Urquijo, «Informe sobre el abastecimiento de aguas», 1951. AHM, caja 8023.

7 Además de que la morosidad del cobro de la facturación era del 14,5 %.

8 Según las bases del concurso, cada propuesta debería incluir los siguientes documentos: «Memoria en la cual se razone la solución propuesta, detallando las cantidades de agua disponible, el análisis de las mismas, los materiales a utilizar y si lleva presa para el embalse, un estudio de la naturaleza del subsuelo y avance del cálculo; los planos necesarios de emplazamiento, conducción, depósitos, etc.; un avance del presupuesto, un estudio económico, en el cual se incluyan las tarifas que han de regir, considerando que la amortización debe producirse en un plazo de cincuenta años». Concurso de anteproyectos. AHM, caja 8023.

9 Este decreto había eliminado el límite de 500.000 ptas. y 1/3 de subvención de la legislación hasta entonces vigente que, datando de 1944, se había mostrado inoperante por la incapacidad económica de los ayuntamientos.

10 *ABC*, 26.05.1959, p. 44.

11 El abastecimiento de Aguas. *Boletín de información de Municipal*, n.º 2, 02.04.1961.

12 *Lanza*, 24.02.1964, p. 2.
13 *Lanza*, 06.10.1971, p. 4.
14 *Lanza*, 25.08.1976, p. 16.

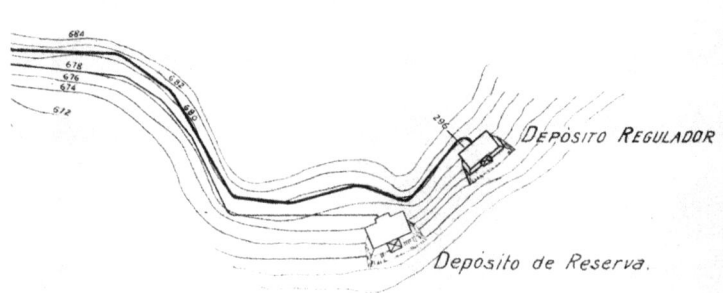

Depósito Regulador

Depósito de Reserva.

Madrid Septiembre de 1932.
El Ingeniero autor del proyecto.

Detalle de la firma de Casimiro Juanes, quizás el más relevante ingeniero
de caminos vinculado con los proyectos en Ciudad Real

8 | Los ingenieros

Como se ha visto a lo largo del texto, fueron muchos los técnicos que, en mayor o menor medida, pusieron sus conocimientos al servicio de la ciudad para solventar el reto hídrico planteado por Alfonso X. A continuación, se incluyen unas pequeñas notas biográficas de aquellos que tuvieron un papel más relevante que, sin pretender ser exhaustivas, sí quieren servir para contextualizar sus trayectorias profesionales y sus aportaciones en los proyectos y obras desarrollados en Ciudad Real.

Eugenio Salarnier y Bemond
(Aurillac, Francia, 1828 - ¿?)

Poco sabemos del artífice de la primera traída de aguas a Ciudad Real, el ingeniero industrial Eugenio Salarnier y Bemond, natural de Aurillac, departamento de Cantal en Francia. La primera noticia que tenemos de él data de 1850, cuando patentó una máquina beneficiadora de arenas, capaz de extraer el oro, que se pretendía emplear en las minas de Granada. En 1857 anunciaba su gabinete industrial madrileño para la «dirección de minas, talleres de preparación mecánica y fundiciones; reconocimientos y ensayos industriales, consultas, estudios y proyectos»[1]. Ese mismo año, y figurando como residente en Madridejos, suscribió un contrato con el Ayuntamiento de esa localidad para la construcción de la traída de aguas, y formó la Empresa General de Aguas Potables de D. Eugenio Salarnier con la que más tarde realizaría los abastecimientos en Ciudad Real (1858) y Sueca (1865). Además, Salarnier aparecía en 1865 como propietario de minas de plomo argentífero zona de Madridejos, Camuñas y Consuegra.

Debió ser un prolífico inventor patentando en 1871 un aparato para moldear, imprimir relieves y bajos relieves y estampar en uno o más colores las partes cerámicas y demás materias plásticas, y, en 1882, uno «para el riego subterráneo e invisible del arbolado en las calles, paseos, jardines y demás sitios públicos y privados», probablemente un antecesor de los riegos por goteo actuales.

Como curiosidad, con motivo de la boda real de doña Mercedes de Orleáns y Borbón con Alfonso XII, Salarnier regaló a los contrayentes un ejemplar del proyecto del depósito de aguas potables que se conserva en la biblioteca del Palacio Real.

Joaquín Escoda y Rom
(¿? - Madrid, 19.08.1898)

Escoda y Rom se anunciaba en prensa como «ingeniero industrial mecánico y agrimensor, perito tasador de tierras». Representa un claro ejemplo de la indefinición de las titulaciones técnicas que imperaba en la segunda mitad del siglo XIX, cuando la escasez de técnicos propició que ingenieros de todo tipo fueran apropiándose de otros títulos y atribuciones. La descripción que de sí mismo hace con motivo de la certificación de las cualidades de un aparato contador de agua no puede ser más ilustrativa de este fenómeno:

> D. Joaquín Escoda y Rom, vecino de Madrid y domiciliado en la calle del Tribulete, núm. 15, principal, Ingeniero de Caminos y Canales, Industrial Mecánico y Perito agrónomo; autor de los proyectos de las conducciones de aguas de Barcelona, de Écija, de Granada, de Ciudad Real, de Daimiel y de Manzanares; del Canal de riego derivado del río Genil; de la elevación de aguas del Ebro para el riego de las huertas mayores de Tudela, etc., y Director técnico de las construcciones de los proyectos descriptivos que han sido aprobados por la Superioridad...[2].

Por ello, no es de extrañar que se denominara ingeniero de Caminos y Canales y que, con motivo de su fallecimiento, el *Heraldo del Madrid*[3] indicara su condición de ingeniero de Caminos, Canales y Puertos, algo que creemos nunca llegó a ser.

Desarrolló su trabajo por cuenta ajena vinculado a diversos empresarios. Así, en 1870 proyectó establecer una fábrica de harina, un lavadero y barriada desde el puente de Segovia al de Toledo de Madrid, aprovechando las aguas del Manzanares[4].

También publicó algunos libros y manuales, como la adaptación en 1873 al español de la obra completa de agricultura titulada *La Casa Rústica del siglo XIX: tratado completo de agricultura*, que había sido publicada por la Escuela de París o, al año siguiente, *El agrimensor práctico, o sea, Guía de agrimensores, peritos agrónomos y labradores: tratado de agrimensura y aforaje*, que tuvo bastante trascendencia en su momento.

Además de los proyectos técnicos arriba enumerados, destaca su propuesta en 1890 para crear en Madrid una sociedad anónima, «La protectora de los obreros pobres», que tendría por objeto construir barriadas de casas económicas fuera del Ensanche, destinadas a la clase jornalera y artesanos pobres; facilitar herramientas, materiales y utensilios de trabajo a los trabajadores para propiciar el trabajo autónomo y crear un sistema de cobertura social para el caso de incapacidad laboral. Escoda y Rom imprimió un folleto para divulgar infructuosamente su propuesta y pedir ayuda y protección a 4.000 personas relevantes de la época, entre las que se encontraban personalidades como Cánovas del Castillo, Sagasta, Castelar o Pi y Margall. En todo caso, se trata de una interesante propuesta urbanística para crear ocho o diez barriadas en los alrededores de Madrid, de 250 a 300 casas cada una, similar a otras contemporáneas que se construyeron en diversos países europeos.

Ezequiel Naranjo Sobrino
(Carrión de Calatrava, 1865 - Ciudad Real, 1931)

Natural de Carrión de Calatrava, inició su carrera profesional en 1893 como ingeniero de caminos incorporándose al Ayuntamiento de Madrid, donde se encargó, en 1897, de la primera prueba de pavimento asfáltico en la calle Arenal. Tal y como reflejó la revista *Madrid Científico*, el entonces novedoso material se comportó

Retrato publicado en el *Heraldo de Carrión* en enero de 1914 con motivo de su nombramiento como jefe de la División Hidráulica de Ciudad Real

de maravilla, por lo que Naranjo publicó el Pliego en la *Revista de Obras Públicas* para facilitar la introducción de esta técnica en España. Ese mismo año, condujo en las pruebas del primer tranvía eléctrico de Madrid desde la Puerta del Sol al barrio de Salamanca y al Hipódromo. Tras una grave enfermedad, solicitó en 1898 reincorporarse al servicio del Estado, como ingeniero de 2ª oficial segundo, coincidiendo con el fallecimiento de Luis Alonso y Santillana, ingeniero que prestaba servicio en la provincia de Ciudad Real y a quien finalmente sustituyó en 1899 como jefe de Obras Públicas.

En 1903 se incorporó a la recién creada Asociación de Ingenieros de Caminos y, a lo largo de la década de los diez, fue ascendiendo en el escalafón hasta que, en enero de 1911, fue nombrado jefe de la División Hidráulica del Guadiana donde, entre otros muchos trabajos, levantó un valioso plano para la ordenación de las zonas de regadío del Alto Guadiana. Se convirtió en uno de los técnicos más influyentes de la sociedad ciudadrealeña de la época, siendo requerido para dictaminar sobre las distintas opciones de abastecimiento de la capital, y para funciones tan diversas como formar parte del jurado del concurso de aviación en las fiestas de agosto de 1911. Además, se implicó en la vida social de la ciudad, siendo en 1919 Hermano Mayor de la Cofradía de la Oración del Huerto y miembro del Casino.

Tras sendos ascensos en el escalafón, fue trasladado en 1917 al Consejo de Obras Públicas y, poco después, a Cáceres, lo que provocó la protesta del diario *El Pueblo Manchego*. Recibió un homenaje de despedida en la División Hidráulica del Guadiana, pero pronto consiguió regresar a Ciudad Real, en 1918, para desempeñar el puesto de ingeniero jefe de Obras Públicas. Desde este puesto, participó activamente en todo el proceso que condujo a la traída de aguas desde el valle de los Molinos evaluando los proyectos y distintas opciones, aunque manteniendo una inteligente equidistancia obligada por su cargo.

En 1926 ascendió a la categoría de jefe superior de la administración civil de primera clase, momento que la Diputación Provincial aprovechó para realizar una solicitud al Gobierno para que se le concediera la Gran Cruz del Mérito Civil, avalada por 96 ayuntamientos y numerosas personalidades de la ciudad, como los marqueses de Huétor, de Borghetia o el de Valterra. Al año siguiente una comisión viajó a Madrid para elevar esta petición al ministro.

El 9 de mayo de 1931, la *Gaceta de Madrid* publicó su ascenso como inspector general del Cuerpo de Ingenieros de Caminos. El 14 de diciembre de ese mismo año falleció repentinamente, acudiendo a su entierro muchos vecinos y autoridades de Ciudad Real. En su recuerdo, la calle del Prado, junto al Casino, estuvo dedicada a él durante los años de la Segunda República.

Casimiro Juanes Clemente
(Mérida, 1875 - San Sebastián, 1938)

Nacido en Mérida, logró el ingreso en la escuela de ingenieros de Caminos, Canales y Puertos tras prepararse en Madrid en la afa-

Casimiro Juanes con motivo de la inauguración del abastecimiento a La Solana. *Vida Manchega* 20.06.1912, p. 10

mada academia del señor Arcos, teniendo su primer destino en la Jefatura de Obras Públicas de Valladolid, donde permaneció, con algún paso fugaz por Palencia, hasta trasladarse en 1905 a la Jefatura de Obras Públicas de Ciudad Real. Será aquí donde forme su familia, ejerciendo la profesión en actividades privadas entre Madrid y Ciudad Real hasta que, en 1911, solicitó el reingreso al cuerpo de ingenieros de caminos. Al año siguiente, además de encargarse de la colocación de la nueva tubería entre los pozos de la Poblachuela y el depósito de Ciudad Real, participó en la construcción del abastecimiento de agua de La Solana, en donde fue declarado hijo adoptivo.

En 1912 fue nombrado secretario adjunto del recién creado Consejo Nacional de los Exploradores Españoles que importó los Boy Scouts estadounidenses a España, y que tuvieron en Ciudad Real una de sus sedes más activas. También ese año se incorporó a la Comisión permanente Española de Electricidad como representante del Ministerio de Fomento. Ese mismo año, visitó

Lérida acompañando al ministro de Fomento, señor Villanueva, como ingeniero de la central hidrológica, y fue nombrado vocal del Instituto de Comercio e Industria.

Su vinculación con Ciudad Real hizo que, en 1918, encabezara la comisión que fue al valle de los Molinos a comprobar la disponibilidad de agua. Desde 1920 compaginó su trabajo como jefe de negociado de Servicios Hidráulicos del Ministerio con la redacción de diversos proyectos de abastecimiento, como el de Manzanares en 1923, junto a Tomás García Noblejas, o el de su ciudad natal, Mérida, donde redactó el proyecto de abastecimiento (1921) y el de alcantarillado (1924).

En 1926 fue destinado a la jefatura del Canal de Castilla, encargándose de las obras necesarias para su conversión en canal de riego, que publicó en la *Revista de Obras Públicas*. Ese mismo año, fue nombrado ingeniero jefe de la Sección Noreste del Circuito Nacional de Firmes Especiales, organismo que se encargaría de la adaptación de los itinerarios principales de la red de carreteras a las necesidades del automóvil.

En 1927 fue elegido el concursante con mayores méritos (después de la renuncia del señor Sonnier) de los ingenieros de caminos en el concurso-oposición de ingenieros sanitarios. Ya por entonces había redactado, además de los proyectos de abastecimiento arriba indicados, el de Ciudad Rodrigo, Mérida, así como los de saneamiento de Alcázar de San Juan, Teuste (Zaragoza) (premiado), Jaén, Gijón, San Bartolomé, La Nava, Pola de Siero y Noreña. Al año siguiente fue nombrado vicepresidente primero de la Asociación de Ingenieros Sanitarios, que acogería a veintiocho ingenieros especializados en la construcción de este tipo de obras tan necesarias en la época para la mejora de la salubridad de las poblaciones.

En 1928 formó parte de la delegación enviada por Fomento al XXI Congreso Internacional Unión Internacional de Tranvías, de Caminos de Hierro, que se celebró en Roma, Turín y Milán, y se encargó de la dirección de obras del acortamiento entre Zuera y Turuñana en el ferrocarril del Canfranc.

En agosto de 1929 el Ayuntamiento de Ciudad Real acordó encargarle el proyecto de la red de alcantarillado, regresando a la capital manchega para dar una conferencia sobre la potabilidad de las aguas embalsadas.

En 1934, afiliado al partido agrario, fue nombrado director general de Puertos, además de jefe del Cuerpo de Ingenieros de Caminos, cesando con el cambio de gobierno en 1935. Ese mismo año fue elegido presidente de la Asociación de Ingenieros de Caminos, encargándose de la organización del primer congreso nacional de Obras Públicas que no se celebraría por la Guerra Civil. Al iniciarse la contienda se refugió en la embajada de Uruguay, evadiéndose al lado nacional en 1937. Al año siguiente, encontrándose en San Sebastián, falleció de un repentino ataque cardiaco.

Julián Soriano Gurruchaga
(¿? - Madrid 11.02.1942)

En 1898 terminó los estudios de ingeniero de caminos, figurando al año siguiente como ingeniero aspirante en la Demarcación de Vascongadas y Navarra donde realizó, en 1900, el proyecto de dragado del puerto y, en 1903, de la marisma de Arbustain. En ese mismo año fue destinado a la provincia de Zamora, aunque probablemente no tomó posesión ya que solicitó la excedencia para trabajar en el sector privado.

En 1905 realizó la solicitud de captación de aguas del Tajo en Morillejo y Carrascosa (Guadalajara) para la producción de electricidad. En 1906 ejecutó el relleno al norte de la dársena del puerto menor de Bermeo y el proyecto de reforma del paseo de la Atalaya en San Juan de Lekeitio. En 1908 trabajó en el tranvía de Bilbao como asistente del ingeniero responsable y redactó el proyecto para la solicitud al ayuntamiento del permiso para aprovechar el arroyo de Iturrigori para la refrigeración de un motor de una fábrica y, al mismo tiempo, para el lavado de ropas y otros usos domésticos.

En 1910 reingresó al cuerpo y fue destinado a la división hidráulica del Miño y, al año siguiente, a la del Duero. Parece que en 1915 fue trasladado a Alicante, pero pronto volvió a la actividad privada para desarrollar proyectos de abastecimiento y/o saneamiento para las Sociedades de Rafael Picavea en Artajona (1918), Ciudad Real (1919), Santiago de Compostela (1920), Pontevedra (1923), Toledo (1924), Almendralejo (1926-1928), Almansa (1927), Ponferrada (1927)...

Inauguración del abastecimiento de Toledo.
ABC 19 de octubre de 1924

En 1930 reingresó en el cuerpo como ingeniero jefe de primera clase y fue nombrado presidente de la Junta Central de Transportes por Carretera. En 1931 fue separado del servicio por un expediente disciplinario y, tras la vista de su recurso en 1933 en el Tribunal Supremo, reingresó en 1934. En 1940 fue nombrado presidente de sección del Consejo de Obras Públicas, cargo que desempeñaba en el momento de su fallecimiento, en 1942.

Eustaquio Berriochoa Elgarresta
(Villarreal de Urrechua 1899-1987)

Estudió la enseñanza media en el colegio de Santa María de Vitoria, con brillantes calificaciones. En 1919 ingresó en la Escuela de Caminos junto con otros 44 jóvenes, formando parte de la promoción 1923-1924.

Inició su carrera profesional como ingeniero de una importante sociedad eléctrica, la S. A. Salto del Cortijo, y publicó en 1925 en la revista *Ingeniería y Construcción* un resumen de la tercera Conferencia internacional de grandes redes eléctricas. Poco después, se incorporó a la empresa La Constructora Ferroviaria, adjudicataria del ferrocarril de Zamora a La Coruña, como responsable del estudio del tramo entre Puebla de Sanabria–Orense y

Santiago, junto con los ingenieros de caminos Camilo Mazzucheli y Manuel Suárez Sinova.

Redactó, además, numerosos proyectos de abastecimiento, siendo los más destacables los de Legazpi (1936), Ciudad Real (1941) y Fuente de Cantos.

En 1946 elaboró el Plan de Enlaces Ferroviarios de Valencia, en el que propuso el desvío del Turia para resolver el problema generado por la existencia de más de 300 pasos a nivel. Las vías deberían discurrir en paralelo al nuevo cauce del río que se situaría al sur de la ciudad. Aunque en su momento no se consideró esta propuesta, las graves inundaciones de 1957 hicieron que se recuperase la idea, motivo por el que recibió la Medalla a la Gratitud de la ciudad de Valencia. Además, obtuvo la Encomienda al Mérito Civil y, ya jubilado, la Medalla de Honor del Colegio de Ingenieros de Caminos en 1984.

Guillermo Heras Sabariegos
(Ciudad Real 1913-2007)

Alumno de la Academia General de Enseñanza de Pérez Molina de Ciudad Real, en la que preparó el ingreso al Cuerpo de Ingenieros de Caminos, Canales y Puertos, finalizando sus estudios con brillantes calificaciones en 1943. En paralelo estudió la licenciatura de Matemáticas.

Desarrolló toda su carrera profesional en Ciudad Real, primero como ingeniero jefe de la Confederación Hidrográfica del Guadiana y, desde 1959, como ingeniero jefe de la Comisaría de Aguas del Guadiana. En esos años redactó los proyectos de los más importantes embalses de la provincia, como son los de Peñarroya (Guadiana), Torre de Abraham (Bullaque) y Valleher-

Lanza, 12.02.1975

190

moso (Azuer), así como los abastecimientos de aguas a Ciudad Real, Tomelloso, Argamasilla de Alba y otros.

En 1972 el Ministerio de la Gobernación le otorgó condecoración con la Encomienda de la Orden de Sanidad. Con la llegada de democracia, en 1977, fue nombrado delegado provincial de Obras Públicas. Aunque se jubiló en 1983, siguió ligado a la profesión como representante provincial del Colegio de Ingenieros de Caminos.

NOTAS Capítulo 8

1 *Diario oficial de avisos de Madrid*, 14.01.1857, p. 2.

2 *Revista ilustrada, vías férreas*, 10.08.1895, p.10.

3 *El Heraldo de Madrid*, 20.08.1898, p. 2.

4 *Gaceta de Madrid*, n.º 213, 01.08.1871, p. 384.

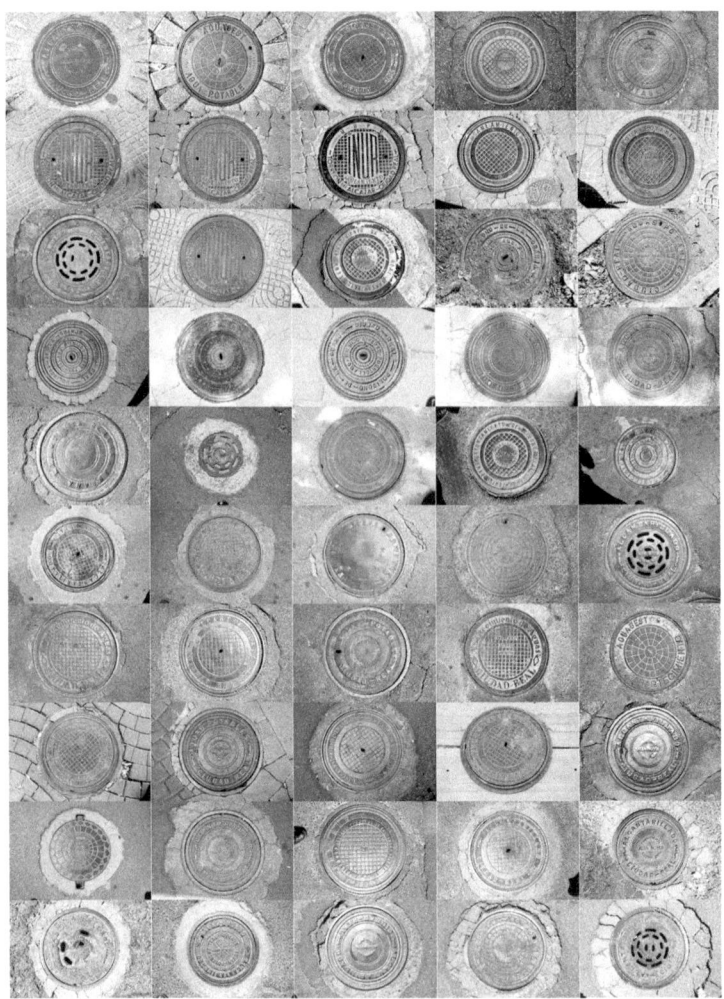

Discreta huella de los proyectos de abastecimiento, saneamiento y urbanización: las tapas de alcantarilla distribuidas por la ciudad

BIBLIOGRAFÍA Y FUENTES

BARREDA, P. M. (2003), «La conducción de aguas a Palencia en el siglo XVIII enfrentamiento del Concejo y el Cabildo», *Publicaciones de la Institución Tello Téllez de Meneses*, 74, pp. 5-47.

BERRIOCHOA, E. (1 agosto de 1943), «Organización Nacional de Saneamiento», *Revista de Obras Públicas*, n.º 2.740, , pp. 347–354.

Boletín de la Comisión del Mapa Geológico de España (1898), Tomo V, Madrid, Tip. de la viuda e hijos de M. Tello.

CANO, P. (2015), A vueltas con los restos arqueológicos de la Puerta de Madridejos. https://es.slideshare.net/PepeCano/a-vueltas-con-los-restos-arqueolgicos-de-la-puerta-de-madridejos-48357954

CANTERO MUÑOZ, R. (2015), *Calles, plazas y plazuelas de Ciudad Real: recuerdos, significación, historia*, Ciudad Real, 3D3 Editores.

CLEMENTE Y LÓPEZ DEL CAMPO, D. (1869), *Guía de Ciudad Real*, Ciudad Real, Reprod. facs. de la ed. de Establecimiento Tipográfico de Cayetano C. Rubisco.

DELGADO MERCHÁN, L. (1907), *Historia documentada de Ciudad Real: (la judería, la Inquisición y la Santa Hermandad)*, Ciudad Real, Enrique Pérez.

DÍAZ JURADO, J. (1750), *Documentos sobre «Singular idea del sabio rey D. Alfonso, dibujada en la fundación de Ciudad Real»*, [manuscrito].

EL ALDEANO PINARILLO (1929), *Las aguas potables y el alcantarillado de Ciudad Real*, Ciudad Real, Ed. *Vida Manchega*.

ESPADAS, M. y CABALLERO, A. (ed.) (1993), *Historia de Ciudad Real*, Caja de Castilla-La Mancha.

FERÓ, B. (1861), *Anales de Ciudad Real* [manuscrito].

HERVÁS Y BUENDIA, I. (1890), *Diccionario histórico geográfico de la provincia de Ciudad-Real*, Ciudad Real, Establecimiento tip. del Hospicio Provincial.

HOSTA, J. de (1865), *Crónica de la provincia de Ciudad Real*, Madrid, Aquiles Ronchi, (Imp. de la Iberia).

LÉRIDA, E. (1945), *Libreta geográfica y estadística y de curiosidades diversas de la provincia de Ciudad Real*, Ciudad Real, Papelería E. Lérida.

MADOZ, P. (1846), *Diccionario geográfico-estadístico-histórico de España y sus posesiones de ultramar*, vol. 3, Madrid, Establecimiento tipográfico de P. Madoz y L. Sagasti.

MUÑOZ GONZÁLEZ, M.ª J. (2003), «Informes realizados en 1760 para llevar a cabo los reparos de la iglesia parroquial de San Miguel en Peñaranda de Bracamonte», *Archivo Español de Arte*, 76(303), 277-286.

PALOMARES GARCÍA, V. (2018), *Miguel Pérez Molina (1868-1939) y la Academia General de Enseñanza de Ciudad Real*, Ciudad Real, Biblioteca de Autores Manchegos, Diputación de Ciudad Real.

PILLET CAPDEPÓN, F. (1984), *Geografía Urbana de Ciudad Real*, Madrid, Akal.

VELASCO FRIGINAL, F. (2016), *Conóceme. La historia de un embalse en Fernán Caballero*, Ed. Círculo Rojo.

ARCHIVOS

AGS: Archivo General de Simancas

AHM: Archivo Histórico Municipal de Ciudad Real

ACHG: Archivo de la Confederación Hidrográfica del Guadiana

APÉNDICE
Relación de proyectos

AÑO	TÍTULO	TÉCNICOS	CLIENTE	FUENTE
1858	¿Proyecto de traída de aguas?	ND	Eugenio Salarnier Bemond	ND
1887	Proyecto de conducción de aguas potables	Joaquín Escoda y Rom	Patricio Redondo Jerez	Archivo Cabanes
1900	Proyecto del pantano de Navarredonda	Bernardo de Granda	División Hidráulica del Guadiana	ACHG de Badajoz
1901	Proyecto reformado del pantano de Gasset (antes de Navarredonda)	Bernardo de Granda	División Hidráulica del Guadiana	ACHG de Badajoz
1902	«Proyecto de abastecimiento desde el valle de los Molinos»	¿Florian Calvo? ¿Marcelo Camuñas?	Patricio Redondo Jerez	ACHG, 830
1906	Proyecto de abastecimiento de Ciudad Real, Miguelturra y Fernancaballero con aguas procedentes del Valle de los Molinos (término de Malagón)	Sebastián Rebollar	Santiago Ruipérez y Romero	ACHG, 831
1911	Proyecto de abastecimiento de aguas para Ciudad Real procedentes de la Higueruela	Casimiro Juanes Clemente	ND	AHM, Caja 8019,3
1911	Proyecto de sustitución de la tubería de aguas y construcción de un doble depósito en la capital	Florián Calvo	Ayto. Ciudad Real	ACHG, 830
1912	Presupuesto reformado para las obras accesorias del pantano Gasset	Manuel Martínez Pérez	División Hidráulica del Guadiana	ACHG de Badajoz

ND: No disponible

AÑO	TÍTULO	TÉCNICOS	CLIENTE	FUENTE
1919	«Proyecto de abastecimiento desde el valle de los Molinos»	Julián Soriano Gurruchaga	Rafael Picavea Leguía	ACHG, Caja 837
1932	Proyecto de conducción de aguas para el abastecimiento de Ciudad Real	Casimiro Juanes y Rafael Juanes	Ayto. Ciudad Real	AHM, Caja 8021
1932	Proyecto parcial de distribución de aguas para Ciudad Real correspondiente a las calles del Capitán Galán, García Hernández, Alarcos, plaza de Cervantes, Ramón y Cajal y Calatrava	Juan Manuel Delgado Sánchez Guerrero	Ayto. Ciudad Real	AHM, Caja 8021,17
1933	Proyecto de abastecimiento de Ciudad Real con aguas del pantano de Gasset	Casimiro Coello	Ayto. Ciudad Real	AHM, Caja 8021
1934	Proyecto de cruce de la tubería de la conducción con los ríos Guadiana y Bañuelos	Casimiro Coello	Ayto. Ciudad Real	AHM, Caja 8021
1934	Proyecto de ampliación de la red de distribución	Casimiro Coello	Ayto. Ciudad Real	AHM, Caja 8021
1942	Informe sobre una posible solución mancomunada para el abastecimiento de aguas de Ciudad Real y pueblos de sus contornos	Eustaquio Berriochoa Elgarresta	Delegación de los Servicios Hidrológicos del Guadiana	AHM, Caja 8022

ND: No disponible

AÑO	TÍTULO	TÉCNICOS	CLIENTE	FUENTE
1945	Anteproyecto comparativo de las soluciones más adecuadas para el abastecimiento de aguas potables	Eustaquio Berriochoa Elgarresta	División Hidráulica del Guadiana y Obras del Cíjara	Biblioteca ETSICCP
1952	«Anteproyecto definitivo de abastecimiento de aguas potables a Ciudad Real y Miguelturra»	Eustaquio Berriochoa Elgarresta	Ayto. Ciudad Real	ND
1957	Proyecto de abastecimiento de agua potable para Ciudad Real	Guillermo Heras Sabariegos	Confederación Hidrográfica del Guadiana	ACHG, 274
1966	Proyecto de saneamiento de Ciudad Real	Manuel de la Barreda	Comisión provincial de Servicios Técnicos	ACHG, 448
1974	Proyecto reformado del saneamiento de Ciudad Real	Manuel de la Barreda Acedo-Rico	Confederación Hidrográfica del Guadiana	ACHG 630

ND: No disponible